ZORA SELJAN

NO BRASIL AINDA TEM GENTE DA MINHA COR?

Apresentação | Emanoel Araujo

São Paulo
2018

© Roberto Seljan Braga 2017
3ª Edição, Global Editora, São Paulo 2018

Jefferson L. Alves – diretor editorial
André Seffrin – coordenador editorial
Gustavo Henrique Tuna – editor assistente
Flávio Samuel – gerente de produção
Flavia Baggio – coordenadora de revisão
Jefferson Campos – assistente de produção
Alice Camargo e Patrizia Zagni – revisão
Eduardo Okuno – capa
Tathiana A. Inocêncio – projeto gráfico

Obra atualizada conforme o
NOVO ACORDO ORTOGRÁFICO DA LÍNGUA PORTUGUESA.

CIP-BRASIL. CATALOGAÇÃO NA PUBLICAÇÃO
SINDICATO NACIONAL DOS EDITORES DE LIVROS, RJ

S467n
3.ed.

Seljan, Zora
  No Brasil ainda tem gente da minha cor? / Zora Seljan. – 3. ed. – São Paulo: Global, 2018.

  ISBN 978-85-260-2422-9

  1. Viagens – África. 2. África – Descrições e viagens. I. Título.

18-48672
CDD:916
CDU:913(6)

Leandra Felix da Cruz – Bibliotecária – CRB-7/6135

Direitos Reservados

global editora e distribuidora ltda.
Rua Pirapitingui, 111 – Liberdade
CEP 01508-020 – São Paulo – SP
Tel.: (11) 3277-7999 – Fax: (11) 3277-8141
e-mail: global@globaleditora.com.br
www.globaleditora.com.br

Colabore com a produção científica e cultural.
Proibida a reprodução total ou parcial desta obra sem a autorização do editor.

Nº de Catálogo: **3961**

Zora Seljan no rio Oxum, em Oxogbô, Nigéria.

A Antonio Olinto

Sumário

Zora Seljan descobre o Brasil em África – *Emanoel Araujo* 11

No Brasil ainda tem gente da minha cor? 15
"Oimbô" – gritam os meninos de Lagos 20
Informação de rua custa dinheiro em Lagos 24
Uma noiva que faz regime para engordar 28
Noite de Natal quando sopra o harmatã 32
Ibadan, a maior cidade negra da África 36
Ifé, a capital religiosa dos iorubás 40
Bumba meu boi em Lagos 44
O atlas linguístico do Brasil passa por Ibadan 48
O Ataojá de Oxogbô, cidade de Oxum e seus noventa filhos 53
Porto Novo no Daomé 58
Daomé, o país mais brasileiro da África 63
A Festa do Bonfim no Daomé 67
Canto de amor para a Nigéria 73
A nação de Keto 78
A porta mágica de Keto 82
A história de Uidá 88
Romana da Conceição vai ao Brasil 92
O primeiro Chachá de Souza 96
Primeira exposição de artistas brasileiros na África 101
Nossa Senhora dos Prazeres 105

Sobre a autora 109

Zora Seljan descobre o Brasil em África

Este livro de Zora Seljan remonta a um importante momento da vida dela e do escritor Antonio Olinto na África, onde ele esteve como adido cultural na recém-criada embaixada do Brasil em Lagos. Sua jurisdição se estendia a Togo e Gana nos idos de 1962-1963.

O título *No Brasil ainda tem gente da minha cor?* vem de uma pergunta feita a Zora por Romana da Conceição, uma das muitas pessoas retornadas à África depois da libertação dos escravos. Ainda menina, no final do século XIX, ela esteve na fatídica viagem do patacho *Aliança*, que rumou da Bahia ao porto de Lagos, na Nigéria, e ficou parado no meio do Oceano Atlântico por meses, devido a uma terrível calmaria. Além disso, os embarcados enfrentaram uma quarentena imposta pelas autoridades britânicas. À época, a Nigéria era uma colônia inglesa.

A amizade entre elas foi importante para o convívio diário de Zora com a comunidade dos retornados e descendentes de brasileiros, nos anos vividos em terras d'África.

Conheci Zora numa das muitas viagens que ela e Antonio Olinto costumavam fazer a Salvador nas festas do Axé Opô Afonjá, da ialorixá Mãe Senhora, a Maria Bibiana do Espírito Santo, mãe do Mestre Didi. A senhora sucedeu dona Aninha, a fundadora do culto nagô. Aquelas festas cumpriam o calendário da casa. Quando se aproximava julho, mês dedicado às cerimônias para Xangô, costumava-se reunir muitos dos filhos da casa, gente ilustre como Jorge Amado, Carybé, Vivaldo da Costa Lima, Waldeloir Rego, Rubim de Pinho e outros mais, sobretudo os ogãs, alabês e axoguns. Eram as festas dos obás de Xangô, os doze ministros, seis de cada lado, ministério criado com a ajuda de Martiniano Bonfim. E aí vinham Antonio Olinto e Zora.

Ela era de Oxum, como Mãe Senhora, daí a sua feminilidade e a sua sensibilidade em descrever a vida em Lagos, na Nigéria, e em Uidá e Abomei, no Benim, lugares por onde passou e registrou no livro agora reeditado.

Esses anos foram descritos de maneira sensível por uma observadora sempre alegre pela descoberta de uma África ainda muito próxima do Brasil e dela própria, com nomes e sobrenomes de origem portuguesa, como os agudás. Zora viu Ifé, a cidade sagrada dos iorubás; Ibadan, a cidade de um só telhado de zinco; Oxogbô, a terra de Oxum. E viu o rio e o templo dedicados ao Orixá das Águas Doces e "da beleza e da formosura", como disse o escritor Jorge Amado. Ela viu a arquitetura criada por aqueles que aprenderam o manejo da construção civil, os marceneiros e os carpinteiros dos sobrados e das casas à maneira luso-brasileira da Bahia e do Recife, erguidos no quarteirão brasileiro de Lagos.

Esteve em Uidá, onde encontrou descendentes do famoso Francisco Félix de Souza, o Chachá vice-rei, um baiano que fez um pacto de sangue com o rei Ghezo e se transformou no maior traficante de escravos do século XIX. Zora viu o túmulo do Chachá de Souza, que ainda guarda seus restos mortais em um dos quartos de sua antiga casa, com uma imagem de São Francisco na parte superior.

Em Porto Novo, assistiu também às festas do Bonfim, da burrinha e do bumba meu boi, sobretudo com seu olhar de quem descobria algo tão novo e tão antigo, tão verdadeiro, tão africano e ao mesmo tempo tão brasileiro, pois um pedaço do Brasil estava ali preservado. Aquelas pessoas ainda estão seduzidas pela saudade de um Brasil mítico e sonhado por Romana da Conceição, por Maria Ojelabi e por Joseph Sebastian Nicholas, entre muitos ainda vivos naquela época.

Estes relatos de Zora Seljan sobre africanos e brasileiros retornados são páginas da nossa história humana e cultural. O Brasil foi protagonista da vida daquela gente e sempre ficou alheio a todos esses desdobramentos. Essa história está viva ainda lá, não sei se na Nigéria, mas certamente no Benim. Nas cidades de Uidá e Porto Novo, uma parte das tradições descritas continua desafiando o tempo, para nossa sorte. Se algum brasileiro se aventurar por aquelas plagas, vai encontrar seguramente o que Zora vivenciou. Com idêntica emoção.

Emanoel Araujo
É escultor, desenhista, ilustrador, figurinista, gravador, cenógrafo, pintor, curador e museólogo. Natural de Santo Amaro da Purificação, Bahia, estudou gravura na Escola de Belas Artes da Universidade Federal da Bahia, em Salvador. Expôs em várias galerias e mostras nacionais e internacionais, somando cerca de cinquenta exposições individuais e mais de 150 coletivas. Foi diretor da Pinacoteca do Estado de São Paulo (1992-2002) e fundador do Museu Afro Brasil (2004), do qual é diretor e curador.

No Brasil ainda tem gente da minha cor?

Conta Nina Rodrigues, no capítulo IV de *Os africanos no Brasil*, que, em princípios de abril de 1899, partiu de Salvador para Lagos o patacho *Aliança*, levando sessenta passageiros, quase todos velhos africanos nagôs ou "hauçás", que se repatriavam. "O navio que partira de carta suja foi assaltado na viagem de moléstia epidêmica que se diz ter sido a difteria. Doze velhos sucumbiram e foram lançados ao mar. Os sobreviventes tiveram de passar em Lagos a um navio de guerra inglês, sofrer quarentena e observações."

Nina Rodrigues ficaria espantado se tivesse podido observar o desapontamento desses cativos recém-libertos quando enfrentaram a realidade da terra que haviam sido forçados a deixar na mocidade. Os velhos iorubás e hauçás passaram a existência sonhando com o paraíso perdido. Tantas bondades e belezas gabaram que conseguiram seduzir filhos e netos, brasileiros, para acompanhá-los na viagem de volta.

Romana da Conceição tinha doze anos quando embarcou com a mãe e os irmãos acompanhando os avós no patacho *Aliança*. Também Maria de Cancio, tia Helena e irmãos viajaram por causa da avó Diebú. Outros tios e irmãos de Maria ficaram em Nazaré das Farinhas, no engenho de seu Dinizio. Ela era bonita, alegre e fizera dezoito anos.

O patacho *Aliança* levou seis meses de Salvador a Lagos, por causa das calmarias. Não houve disenteria como se propalou. Houve fome, sede, água racionada, aflições, desconforto, falta de recursos matando os velhos mais fracos. Quando afinal deitaram a âncora, os ingleses mandaram o patacho e seus tripulantes de volta sem permitir que tocasse na costa, e os passageiros sofreram horrores na quarentena.

> Queimaram nossas arcas cheias de roupa branca, nossos baús de couro, daqueles grandes, nossas rendas, nossos crivos, nossos bordados. Queimaram tudo, iaiá. Nos deram uns panos para nos enrolar e queimaram até a roupa do corpo.

Sessenta e dois anos depois, os olhos ainda bonitos de Maria de Cancio se enchem de água lembrando o tesouro perdido, as saias e blusa de moça dengosa, anáguas de baiana, torços, colares, balangandãs. "Um enxoval feito com tanto luxo!"

Romana da Conceição afirma: "Nossa avó nos enganou. A finada minha mãe quis voltar, mas cadê dinheiro? Mesmo minha avó e os outros velhos achavam aqui ruim, viviam lembrando o Brasil. Se tivesse barco, voltava todo mundo."

Eram tantos os que se repatriaram com as famílias que chegaram a fundar um bairro – hoje Brazilian Quarter –, onde em sobrados semelhantes aos de Salvador, que testemunha o saudosismo dos repatriados, moram seus filhos e netos.

Trouxeram estes iorubás e brasileiros a civilização baiana para Lagos. Plantaram mandioca, caju, batata-doce, milho, fizeram farinha, ensinaram comidas, ofícios, técnicas, folguedos, músicas e danças. Edificaram a Catedral de Santa Cruz. Mantinham um comércio ativo com a Bahia. Mandavam panos da costa, sabão, azeite de dendê, obis e orobós e recebiam carne-seca, bacalhau, rapadura, aguardente e sobretudo tecidos de algodão. Negociavam esse algodão em geral nas ruas.

Em Lagos o comércio ainda constitui ato de grande dramaticidade. São demoradíssimas as compras e vendas, pois acarretam discussões em que se gesticula muito, se grita, se ri, se fazem caras espantadas, caras de desprezo, de amizade, de raiva, de ofensa e se acaba em abraços e protestos de estima. A palavra "algodão" era pronunciada muitas vezes pelos comerciantes brasileiros, e daí a passarem a ser chamados de "agudá", corruptela que suprime apenas os sons difíceis do *l* e do *ão*. Em consequência, a Igreja Católica é, em inglês nigeriano, "Agudá Churche" e, em iorubá, "Ile Olorin Agudá", ou seja, "casa do Deus dos brasileiros".

— Minha mãe vivia muito triste aqui, com o pensamento voltado para as festas da Bahia — conta Romana —; então os brasileiros fundaram a sociedade de Nossa Senhora dos Prazeres e a finada criou alma nova.

Maria de Cancio, ou Maria Ojelabi, ou Mrs. Ojelabi, pergunta:
— Com quem falar brasileiro? Está morrendo todo mundo. Só fica nagô.
— Mas a senhora casou com iorubá, minha tia.
— Que remédio! Agora sou viúva e, se Deus me ajudar, volto para ver minha terra. Estou com oitenta anos, mas ainda posso esperar.

A primeira edição de *Os africanos no Brasil* apareceu em 1933, anos depois de ter sido escrito o livro. Faz tempo que morreu Nina Rodrigues. O que aconteceu no Brasil do começo do século até hoje Romana e Maria Ojelabi ignoram. Nunca ouviram falar em Lampião, em Estado Novo, no presidente Artur Bernardes, na construção de Belo Horizonte, na Revolução de Trinta ou em Noel Rosa.

— Falava-se muito era em Antônio Conselheiro — diz Romana.

— E em que pessoa mais, minha tia?
Romana responde toda alegrinha, cantando:

> Caju branco e amarelo
> Quem está na ponta é Custódio José de Melo

A lembrança mais forte está naturalmente ligada às comidas "que não existem mais".
— Carne-seca, carne do sertão, iaiá! — O rosto de Maria Ojelabi se ilumina. — Bacalhau com azeite! Cala a boca! E lombinho de porco? E linguiça?
Romana canta:

> Feijão, feijão, feijão
> feijão com carne-seca;[1]
> a mulher do Leandro é
> uma fina caloteira
> mandou fazer vestido
> não pagou a costureira
> mandou fazer sapato
> não pagou o sapateiro.

Maria Ojelabi ajuda a fazer o coro:

---

[1] Esta cantiga está aqui desfigurada porque Romana da Conceição, muito delicada, ficou com receio de me ofender se a cantasse corretamente. Meses mais tarde me explicou: "Vosmecê poderia ser do lado de Deodoro".
Os negros o detestavam por ter deposto o imperador e a Princesa Isabel, autora da abolição da escravatura. A cantiga correta é com a palavra "Deodoro" em vez da palavra "Leandro". E no final há o seguinte estribilho:

> Feijão, feijão, feijão
> feijão com carne-seca
> vá para o diabo
> Seu Deodoro da Fonseca.

> Pagou, pagou, pagou,
> pagou, que eu vi pagar
> uma nota de cem miréis
> foi com que ela pagou.

As duas sabem cantar outras cantigas e modas, firmando um tempo antigo, como se de repente ressuscitassem, para alegria dos folcloristas, as próprias informantes de Nina Rodrigues.

> Se Anastácio chegou de viagem
> nós vamos saber como está,
> se não morreu de febre amarela
> muita coisa há de ter pra contar.

Ou esta, de humor atual:

> Olê, olê, olá,
> venha todos arrepará,
> olha que velho de cara dura
> nos treis dias do carnavá,
> de todas partes que eu chego
> mostrando a minha figura,
> namorando todas moças
> olha que velho de cara dura.

Fazem estranhas perguntas sobre o Brasil. Romana, vendo chegar a Lagos só brasileiro branco, ficou desconfiada.[2] Quando fez maior intimidade comigo, indagou com ar aflito:

— No Brasil ainda tem gente da minha cor?

---

[2] Refiro-me ao pessoal que foi abrir a Embaixada do Brasil em Lagos e à gente das primeiras firmas brasileiras que lá chegaram, logo depois da independência daquele país em 1º de outubro de 1960.

"Oimbô" – gritam os meninos de Lagos

Lagos, a capital da Nigéria, é um vasto mercado estendendo-se pelas ruas e às vezes concentrando-se em aglomerados de barracas cobertas de esteiras. Homens e mulheres trabalham dia e noite, revezando-se nos pontos, à luz do sol ou de lamparinas. Além da gente parada atrás de mesas ou de pequenos balcões, há os que preferem vender circulando nas ruas. Destes, os mais agressivos são os mercadores de relógios de ouro de pulso. Assim que nos percebem, gritam aflitíssimos:

— *Master! Master! Madame!*

A única maneira de nos livrarmos deles é fingir que não ouvimos. Então a voz muda para uma entonação de repreenda e queixa:

— *Massster!*

Estamos salvos, mas é a vez dos mendigos deitados nas calçadas. Impossível ajudar a todos. Resolvemos organizar a caridade. Adotamos três dos de cara simpática. Os outros se conformaram. O interessante é que até agora não vi mulher pedindo esmola.

Vendendo estão em toda a parte, em quantidade maior do que a dos homens. Os filhos, depois da escola, vêm ajudá-las. Os pequetitinhos, de olhos muito arregalados, vão nas costas, seguros por um pano chamado iborin. Quando o sol está muito quente, a mãe andarilha coloca os lenços ou panos de prato com os quais negocia em cima do ombro para fazer uma sombra.

O menino dorme no ninho ondulante com a cabeça recostada nas costas macias e o dedo na boca. E lá vai ela vendendo pelas ruas. Guelê, o imenso turbante na cabeça, o pano de amarrar o menino atado embaixo dos seios, sobre a *bubá* ou blusa de mangas largas e em geral de fazenda rendada. Pegando acima da cintura, elas se enrolam no lapá, pano tecido à mão que forma uma saia até os pés, caindo em dobras elegantes. Esse pano é frequentemente ajeitado, sem a menor cerimônia.

Poucas mulheres em Lagos usam anáguas, mas a maioria gosta de usar embaixo do lapá contas de vidrilhos coloridas. Em certas regiões do interior, essas contas são a única indumentária feminina. Ficam muito engraçadinhas nas meninas de Lagos, de poucos anos, que ainda andam sem roupas.

Existem várias espécies de fazendas tecidas à mão para se fazer a saia, o pano de amarrar menino e o turbante. Elas gostam de tê-los em conjuntos do mesmo padrão. Os iorubás tecem em Ibadan um pano azul chamado aso oké. Em Lagos, outro pano de qualidade inferior chama-se adilê ou aderê. Há ainda os que conhecemos como panos da costa, com listras de cores. Além do produto nacional, existem as fazendas de algodão vindas da Inglaterra que imitam os estampados nigerianos. São vendidas nas ruas. As nacionais, apenas nos mercados internos e sempre por mulheres. Andei visitando um deles onde nunca pisam estrangeiros. A meninada me rodeava gritando:

— Oimbô! Oimbô!

Nos olhos o mesmo espanto que devem demonstrar as crianças da Suécia quando veem pretos. Eu era gente esquisita, a gente branca, oimbô.

Os homens mais do que as mulheres dão a Lagos um aspecto surrealista. Vestem tecidos muito vivos de estampados enormes, fulgurantes. Usam chocotô, a calça de pernas largas, compridas embaixo do *agbá*, uma túnica vaporosa e imponente que vai até embaixo do joelho. É costurada apenas nas extremidades, tendo uma abertura no alto para o pescoço.

Usam na cabeça *filás* e completam a elegância com relógios de ouro no pulso e óculos escuros. Adoram bicicletas. E parece surrealismo assim vestidos quando dirigem automóvel, trabalham em guindastes, andaimes, quebram asfalto com britadeiras, soldam ferros.

Tive a mesma impressão num banco vendo uma datilógrafa em trajes nacionais, com o filho amarrado às costas e o cabelo todo dividido em trancinhas que formam uma espécie de diadema de ângulos empinados como se de arame negro.

Assim como em Salvador, as mulheres vendem bolinhos de feijão que aqui se chamam acarás. Não são fritos na rua e já vêm apimentados, sem molho.

Outros de-comeres comuns são laranjas descascadas, bananas "plantain" ou banana-da-terra frita em azeite de dendê, milho cozido, peixe frito, um biscoito também frito.

À tardinha chega a gente do interior para vender vinho de palmeira, é leitoso, entre amargo e ácido, com gosto longe de água de coco e não dura muito tempo sem fermentar.

As moças de Lagos, como acontece em todas as capitais, são mais evoluídas do que as da província. As jovens com marcas tribais no rosto são filhas do interior, da gente ibô, calabar, fulani ou de outras raças.

Num rosto jovem e bonito a marca tribal não enfeia, dá certo brilho aos olhos, atrai pela esquisitice e identifica a origem.

Tendo visto marcas de todo jeito, algumas muito delicadas e outras cruéis, vi uma mocinha linda com uma argolinha de ouro atravessando a narina esquerda. Achei bonito. As moças de Lagos se salvam das marcas tribais por causa dos colégios que combatem tais costumes e influenciam as famílias.

Embora a roupa normal seja a do país nas diferenças expressivas de cada região, em Lagos, as moças gostam de usar também figurinos do Ocidente, e o fazem com elegância. Outras misturam roupas nigerianas e trajes europeus, como a Miss Nigéria de 1962, penteada por um cabeleireiro francês, de brinco e colar, blusa de baiana e uma saia de pano da costa.

Nas ruas a cor predominante é o azul por causa da maioria da população iorubá, raça que prefere os tons de índigo. Mas de repente esbarra-se com um bando de crianças, saindo da escola, todas de lilás, com gorrinhos verdes e bolsas amarelas.

Para completar o aspecto surrealista da cidade, existem inúmeras livrarias, às vezes funcionando em barracas cobertas de esteiras. Nas calçadas, entre as vendedoras de obis e orobôs, os jornaleiros espalham revistas e jornais.

Nos bancos que dão para o lago, em Marina Street, há sempre algum jovem lendo, tranquilamente, como se estivesse na sua sala.

Informação de rua custa dinheiro em Lagos

Lagos é um punhado de ilhas ligadas por meio de pontes. A ilha de Lagos, propriamente dita, é o centro comercial, a sede dos edifícios do governo, tem população muito densa, inclusive a do Brazilian Quarter. Sua praça principal é a Tinubu Square. Outra praça importante é Campos Square. Vem depois a ilha de Apapa, onde se localizam o porto, as grandes firmas atacadistas, as companhias de navegação e muitas ruas residenciais.

Iddo é ilha pequenina servindo de trampolim entre o continente, Apapa e Lagos. Na terra firme estão o aeroporto e os bairros populares, tais como Yaba ou Ebute Metta. Na outra extremidade da ilha de Lagos ficam duas ilhas ligadas à primeira por pontes.

Ikoyi era terra de bicho quando os escravos libertos regressaram do Brasil com suas famílias. Muito mato, terra boa de plantar árvores. Lá eles plantaram caju, pitanga, pinha e tudo pegou que foi uma beleza. Cada caju imenso, doce de dar gosto. Depois os ingleses descobriram a ilha. Mataram os bichos, derrubaram as árvores porque inglês não come caju, nem pinha, nem pitanga. Plantaram grama e construíram casas sobre os gramados.

Ikoyi virou o bairro residencial dos brancos. Não há ruas, só estradas entre as gramas, não há comércio, nem transporte coletivo. Lugar de rico viver. Além das casas, existem o cemitério, o clube, o campo de golfe. Em cada casa estacionam ao menos um automóvel e um barco. Todos têm televisão, rádio e muitos aparelhos de ar-refrigerado, armários enormes cheios de latas, várias geladeiras, caixotes de bebida. Casas de rico morar. Quando a Nigéria ficou independente, alguns nigerianos ricos construíram casas em Ikoyi.

A outra ilha, a Victoria, começou a ser povoada há pouco tempo. Foi nela que se construíram os pavilhões da Feira Internacional. O Federal Palace Hotel fica numa ponta dessa ilha. Os países estrangeiros receberam terras para nelas construir suas embaixadas, e o governo pretende erguer um bairro residencial para funcionários nigerianos. Tanto em Ikoyi como em Apapa ou em Victoria estão aparecendo muitos edifícios de apartamentos. Lagos transformou-se há apenas dois anos em importante centro político com representação diplomática de vários países.

Começou então a era de ouro para a especulação de imóveis. Era preciso acomodar a gente do governo, os novos funcionários e os diplomatas. O comércio prosperava, o país abria as portas e era mais gente chegando para morar. O ritmo das construções acelerou-se. Vieram arquitetos, engenheiros e decoradores da Europa. Com a pressa de edificar novas construções, eles se esqueceram de estudar um tipo de casa ideal para o clima. Limitam-se a plantar nesses equadores edifícios bons para a Inglaterra ou a Suécia. Embora sejam bonitos e com felizes resultados estéticos, deixam sem solução problemas fundamentais, como por exemplo a luz. Utilizam vidros em demasia, às vezes paredes inteiras num país claro, de muito sol e calor. Adoram telhas de zinco, quentes e barulhentas no tempo da chuva, e não valorizam o lado da sombra.

Embora a Nigéria possua quase todas as nossas plantas tropicais, eles não plantam jardins como nós fazemos nos nossos edifícios.

Os terraços não são aproveitados. Os vidros exigem cortinas pesadas que tampam toda a claridade e vedam o ar, obrigando o consumo da luz elétrica e o ar-refrigerado o dia inteiro. Veneziana ou janelas de madeira são coisas que desconhecem. Nos apartamentos não constroem quartos nem banheiros de serviço e só colocam o elevador social. Não existem tanques de lavar roupa nem varais. Certas pequenas facilidades que hoje fazem parte no Brasil do trabalho de construção nem são cogitadas. Fogão é o inquilino quem coloca. Armação de cortina idem. Antenas embutidas de rádio e televisão, torneira para filtro, refrigeração central, portaria com porteiro e outras coisas miúdas que simplificam a vida não existem nem nos prédios de maior luxo. Chuveiros só vi em hotel de alto nível e assim mesmo dentro da banheira. Em compensação, o preço dos aluguéis é maior do que em Londres, Nova York ou Abidjan. Um apartamento de dois quartos, sala, cozinha e banheiro custa em Lagos, no centro comercial, 1.200 libras por ano, sendo vazio e devendo o inquilino pagar ainda todos os gastos do condomínio, que são altos.

Em Ikoyi, bairro de luxo, um apartamento menor, de quarto, sala, cozinha e banheiro, custa 1.500 libras por ano. E eles exigem de dois a cinco anos de aluguel adiantado. Com o dinheiro dos aluguéis, pagam a construção e iniciam novo edifício.

Quanto aos hotéis, o Federal Palace, equivalente ao nosso Copacabana Palace, cobra uma libra e cinco shillings por solteiro e nove libras por casal apenas para dormir.

O Ikoyi Hotel, comparável ao Castro Alves, cobra o mesmo por casal. O Airport Hotel, em ambiente mais popular, quatro libras e cinco shillings por solteiro e sete libras por casal. Os outros sete hotéis da cidade variam de preços nessa base.

Pensões para estrangeiros em casa de família não existem. Bares e restaurantes quase que apenas os dos hotéis.

Para se avaliar o preço das conservas, bebidas e frutas, basta dizer que são importadas da Europa. Pagam-se o custo normal, o transporte e o lucro extraordinário dos comerciantes. Esse lucro é tão grande que a chegada da firma brasileira Sun Gaz provocou uma revolução no mercado. Estamos vendendo o bujão de gás pela metade do preço. A princípio as firmas concorrentes ameaçaram, protestaram, tentaram entrar em acordo e afinal acabaram por também baixar seus preços. Mesmo assim o negócio continua a ser tão bom que nenhuma delas fechou suas portas.

A eletricidade é caríssima, transporte coletivo confortável não existe. É comum o caminhão com tábuas laterais como o nosso pau de arara. Sem automóvel não se faz nada nesta cidade e avalie-se agora o preço do táxi e da gasolina.

Diante de exemplos tão eloquentes o nigeriano se tornou digno aluno do europeu. Cobra até para dar a informação de onde fica esta rua ou aquele edifício.

Um chofer teve a coragem de pedir uma quantia além da marcada pelo taxímetro, alegando que cobrava porque atendera ao meu pedido de não correr como um louco.

Uma noiva que faz regime para engordar

A população da Nigéria é dividida em raças que aglomeram tribos muitas vezes diferentes umas das outras. O norte, entre o Níger e o país do mesmo nome, é a terra dos hauçás, aqueles famosos hauçás dos levantes contra a escravidão registrados na Bahia. São muçulmanos polígamos, hábeis nos trabalhos de couro, metais e grandes mercadores de manufaturas africanas.

Os limites dos domínios dos hauçás com os fulanis não são marcados com precisão. Os dois povos ocupam por bem dizer todo o norte, vivendo os fulanis mais para o centro e dividindo com os kanuris uma parte da região fronteiriça no Camarões. São os principais povos de terra adentro.

Bem no meio da Nigéria existem as chamadas tribos da colina. São várias e de diversas procedências, falando cada uma sua língua e tendo costumes especiais.

As marcas iorubás mais impressionantes que já vi são as dos jarawans, povo de uma dessas tribos. O rosto é marcado de riscos pequenos desde a testa até o queixo.

O sul da Nigéria, desde o Níger até o Atlântico, do lado do Daomé, é dos iorubás. Essa foi a raça que maior influência cultural exerceu no Brasil. Ainda hoje nos candomblés da Bahia se fala a língua iorubá, o nagô, da qual muitas palavras já se incorporaram no português. Lagos fica nessa região.

O delta do Níger é ocupado pelos kalabaris.

O leste, até a fronteira do Camarões, é habitado pelos ibôs e pelos idomas.

Depois da independência o povo tende a se misturar mais do que antes. Em Lagos uma raça veste com facilidade trajes nacionais de outra desde que os ache bonitos.

A língua predominante nessas costas é o iorubá, língua comum ao povo que aflui à capital, das mais diversas procedências. Todo nigeriano letrado fala inglês e, por bem dizer, a nova geração das cidades passou por escolas. Mas o ser letrado não exerce obrigatoriamente uma profissão intelectual. É difícil arranjar trabalho e os homens aceitam qualquer profissão que represente salário mensal, com exceção do iorubá, que não gosta de se empregar e de ter obrigações. São os nigerianos mais independentes. Preferem o comércio e os ofícios. As mulheres passam os dias na rua vendendo e comprando.

Dos empregos assalariados, o que os iorubás se dignam a aceitar com mais facilidade é o de motorista, pela atração que sentem por máquinas. Já os ibôs e os kalabaris gostam do trabalho doméstico. Na África não são as moças, e sim os rapazes que se empregam nas casas para fazer todo o serviço, desde a limpeza e faxina até cozinhar e passar roupa.

Meu empregado chama-se Bassy. É kalabari. Está ajuntando dinheiro para voltar a sua terra e comprar uma esposa. Tem muitos amigos e patrícios trabalhando nas casas de Ikoyi e todos amealham para casar ou para custear os estudos de algum irmão menor.

Bassy tinha trabalhado para ingleses e estava acostumado a fazer a comida sem tempero e sem graça daquele povo. Tive que domá-lo com energia na primeira semana para que me permitisse cozinhar comida brasileira. Por sovinice, os europeus de Lagos não dão comida aos seus empregados e fecham tudo à chave, inclusive a geladeira.

Até os cozinheiros têm de comprar comida na rua para se alimentar. Eles não reclamam porque detestam a comida que fazem.

Aqui em casa foi diferente. Eu disse a Bassy que cozinheiro que não prova comida não presta. Deixo os armários abertos e exijo que ele comesse. Adorou o feijão, aprendeu a fazer arroz soltinho e bife bem temperado. Já sabe cortar couve mineira, mexer angu e passou a me olhar com grande respeito.

Quando resolvo fazer algum prato novo, não ousa mais dizer como no princípio: *"No good, madame. No good!"* Fica é de olho aberto e aprende tudo com a maior facilidade. Tenho de ficar fina para não errar, senão das outras vezes ele cometerá o mesmo erro. Não se acostuma com doce e continua achando nosso café muito forte. De vez em quando resolve brilhar e aproveita-se de alguma distração do meu mandonismo para apresentar suas especialidades de forno. Já percebeu que gostamos de tempero e modifica receitas. Está perdendo a sofisticação e voltando a apreciar as coisas nativas. Antes só queria cozinhar conservas e mantimentos importados. Agora já vem todo orgulhoso me mostrar, por exemplo, uma estupenda fruta-pão. Outro dia comprou vinho de palmeira e hoje fez por conta própria um arroz-doce com leite de coco.

Bassy é católico, mas está preso nos costumes de sua gente. Tem de comprar a esposa. A moça ficará seis meses, antes do casamento, presa num quarto, comendo o que puder, sem fazer muitos movimentos para engordar bastante e aparecer bem vistosa. A região onde ele vive deve dar ares com o Pará. É no delta do Níger. As casas são como as ribeirinhas do Amazonas erguidas sobre estacas de madeiras altas para não serem alagadas quando a maré sobe. As paredes e o teto são de esteiras. É lugar de muitas palmeiras e de fartura de peixe. Eles trocam cestas, esteiras, chapéus com os ibôs por inhame, arroz, mandioca e banana. Aliás, descobri que os kalabaris chamam farinha de mandioca de *cassava*, palavra que o Caldas Aulete apresenta como talvez de origem taina ou de indígenas das Antilhas. Aurélio Buarque de Holanda a registra no seu *Pequeno dicionário brasileiro da Língua Portuguesa* grafando-a com ç, dando-a como brasileirismo. Estou mais inclinada a seguir a opinião de Aurélio. Quando ouvi essa palavra pronunciada por Bassy, senti que a conhecia e fui consultar os livros. E assim como essa, muitas outras exprimem a influência do Brasil na Nigéria: *calabachi*, corruptela de cabeça, *manioc,* de mandioca, *guava,* de goiaba, *burinhao,* de burrinha, versão nigeriana do bumba meu boi, para falar apenas das mais evidentes.

Noite de Natal quando sopra o harmatã

O *Loide América*, carregado de bujões de gás, fogões, geladeiras, artefatos de matéria plástica, vinhos, sardinhas, camisas e muitas outras mercadorias da indústria brasileira, chegou a Apapa, o porto de Lagos, nas vésperas do Natal.

Ancorou de tardinha para sair no dia seguinte ao meio-dia, pois é rápido o serviço de descarga na Nigéria.

Assim que o sol saiu, Romana da Conceição, a brasileira que está aqui desde 1900, veio ansiosa me procurar para visitarmos o navio. Pelo caminho ia na maior animação, como se fosse receber algum parente, e sorriu toda orgulhosa quando avistou a bandeira na proa:

— É o vapor de nossa terra, ainda outro dia estava encostado no Brasil.

Subiu as íngremes escadas de bordo como se tivesse vinte anos e foi saudando a marinheiros e oficiais. Depois de cada "bom dia, patrício" ficava olhando encantada os rostos espantados e, matreira, respondia à esperada pergunta:

— Sim, senhor, sou brasileira, estou aqui há 64 anos.

Contava então sua história, falava de Canudos, do Imperador, da Princesa Isabel, cantava um verso contra Deodoro e assim essa nossa boa tia ia enternecendo a tripulação. Ganhou revistas, bebeu refresco de caju, recebeu as maiores gentilezas do comandante e de sua esposa e depois quase chorou de alegria, quando o telegrafista, um jovem oficial negro, tocou para ela canções de Natal no violino.

De repente eu me assustei. Romana da Conceição não prestava mais atenção ao navio, olhava enleada um ponto no céu. Que estaria havendo com a velhinha? Teria se comovido demais? Chamei:

— Minha tia, está sentindo alguma coisa?

Ela abriu sua bonita risada, os olhos brilhando, o rosto radiante:

— O harmatã está chegando.

Foi então que reparei que se fizera silêncio no cais. Os homens da estiva estavam também calados, olhando o céu. No límpido azul, divisava-se ao longe uma nuvem de poeira. O harmatã, vento do Saara, vinha vindo e trazia areia fina. Por um desses benditos mistérios do Equador, o vento quente do deserto, em contato com o vento do mar, provoca um resfriamento de temperatura e diminui a terrível umidade de Lagos na razão de 70%. Assim, subitamente o clima muda, fica doce, seco, dando a todo mundo vontade de brincar, resistência e alegria. Isso acontece sempre nessa época. O harmatã dura de cinco a sete dias, como presente de Natal.

O navio preparou-se para zarpar. Em pé, no cais, demos adeus aos tripulantes, à senhora do comandante e a Dudu e Maria Barreto Leite, passageiras que foram para Israel, visitar o embaixador Barreto Leite.

As ruas do cais são sempre longas e cheias de perigos entre a floresta de guindastes. Custamos a vencê-las, carregadas de sacos pesados de feijão-preto, carne do sertão, lombinho, linguiça, café e goiabada. E já que estávamos tão ricas de coisas boas para se comer, resolvemos fazer uma festa em minha casa.

Bassy, meu cozinheiro, tem tido os maiores espantos. É domado como um potro bravo pela energia desta dona de casa. Fico exausta depois de cada vitória, mas consigo convencê-lo a fazer as comidas à nossa moda. Também, depois que aprende posso ficar descansada que da próxima vez fará com perfeição o prato brasileiro. Passei três dias enfiada na cozinha preparando a ceia do dia 24. Não foi a tradicional ceia do Brasil. Preferi as comidas das quais estávamos mais saudosos: picadinho, tutu de feijão, pastéis, salada com maionese, macarronada, pastelão de galinha, bolos, doce de coco, de mamão, biscoitos, broas, bife à milanesa, goiabada com queijo e, naturalmente, a clássica rabanada. Antonio Carlos Tavares, encarregado de negócios da Embaixada do Brasil, forneceu as castanhas, nozes, passas e outras gulodices de Natal. Romana mandou duas travessas de mingau de milho-verde. Yeda e Sousa Castro chegaram de Ibadan, onde ele é professor na Universidade de Ifé, trazendo um pato assado. Margot e Jimy Braga, de firma brasileira estabelecida aqui, deram o presunto; Vera, uma inglesa que trabalha na embaixada e que viveu muitos anos em Lisboa, fez uma charlote de chocolate.

Uma das maiores dificuldades da festa foi a de convencer Bassy que me arranjasse galhos secos para a decoração. Acha ele, no seu formalismo de nigeriano educado à maneira inglesa, que no Natal deve-se comprar um pinheiro de matéria plástica no Kingsway, a loja grã-fina de Lagos. Depois de muito custo logrei plantar a minha cesta de galhos sem folhas no canto da sala, sobre uma esteira linda que comprei no mercado. Enfeitei minha árvore de Natal nigeriana com bolas grandes e pequenas, azuis e verdes. Sobre o leão pintado na esteira colocamos embrulhos. Quem ia chegando deixava ali seus presentes.

A casa foi-se enchendo; mais de dez crianças, muitos amigos nigerianos, Maria Ojelabi e *Migüé*, o menino que esta outra tia brasileira de oitenta anos está criando, Romana com filhos e netos. Valdir de Oliveira, diretor do Centro de Estudos Afro-orientais da Universidade da Bahia, que então nos visitava. Tocamos sambas, dançamos, cantamos, com os meninos aprendendo com facilidade os passos novos.

Antes da ceia cada qual distribuiu seus presentes e, como haviam chegado novas crianças, em vez de darmos vários presentes para cada neto de Romana ou para o *Migüé*, distribuímos alguns pelos outros, deixando naturalmente os mais bonitos para os amiguinhos. Foi a conta.

A mesa satisfez a todos. Os brasileiros, inclusive nossas velhas tias, davam estalos na língua. Os nigerianos apreciaram as comidas salgadas, mas não tocaram nos doces. Eles não comem açúcar, acham que faz mal, queima a língua, mas gostam bastante de nozes e avelãs.

Devíamos ir à missa do galo. Não foi possível. A igreja estava repleta, com gente até no adro. Na catedral protestante, em frente ao meu apartamento, cantavam hinos de Natal. Os muçulmanos também tinham ar de festa e a gente da religião tradicional comemorava o feriado brincando nas ruas, correndo atrás dos egungus – os mascarados, vestidos ricamente, simbolizando os espíritos dos antepassados.

Foi noite de harmatã, havia estrelas e na cidade de Lagos o tempo parecia de primavera no Brasil. Ganhei cabaças bordadas de Oió, uma pasta hauçá, um pano da costa, um colar de marfim, um álbum de trajes típicos da Nigéria e muitos cartões de "boas-festas" com os votos impressos em inglês, árabe, hauçá, ibô e manuscritos em brasileiro.

Ibadan, a maior cidade negra da África

Ibadan é a maior cidade negra da África, pois tanto o Cairo como Joanesburgo, embora mais populosas, são de gente branca ou morena. Com um milhão de moradores, a capital dos iorubás estende-se sobre colinas, ruas estreitas de casas cobertas de zinco, acachapadas ou de dois andares. Certos sobrados lembram o estilo colonial da Bahia. Os poucos edifícios modernos são lojas europeias ou bancos. Vários mercados concentram o comércio em aglomerados semelhantes à Feira de Água de Meninos em Salvador.

A vida é intensa e tanta gente anda nas ruas que parece impossível ter ficado alguém no interior das casas. As crianças brotam do chão e quando se percebe estamos cercados de meninos que nos admiram e analisam. Gritam "oimbô!", gente branca. É o sinal de alerta. Os pobres "oimbôs" seguem para a frente acompanhados de comitiva. Tive vontade de fazer macaquices ou de gritar: "E o palhaço, o que é?"

Percebi depois de algum tempo que os menorzinhos se esconderm quando nos aproximamos. Só os maiores e mais arrojados têm coragem de nos tocar. Mais tarde soube que as mães ameaçam chamar "oimbô" quando os filhos estão muito birrentos ou arteiros. Na memória ancestral deve haver mesmo algum terror guardado, "oimbô" levava para longe, "oimbô" comprava menino, carregava para o outro lado do mar, num saco enorme...

O africano não se preocupa muito com o conforto nas casas. Todo o fausto é para a vida exterior, para as roupas riquíssimas, as joias e agora os automóveis. É impressionante o número de carros de luxo que circulam em Ibadan. São também impressionantes as duas universidades ligadas por um portão na estrada. Possuem vida diferente, são como cidadezinhas edificadas entre gramados, com estradas de asfalto em lugar de ruas, casas de professores no centro de jardins, edifícios para estudantes, para museus, salas de aulas, refeitórios e teatros. Numa praça vi uma mesquita, uma igreja católica, outra protestante e uma cruz para o culto de uma religião chamada "Kerubu ati Serafu". A universidade de Ibadan é mais antiga, a de Ifé está provisoriamente instalada numa escola técnica enquanto não termina a construção de sua sede na cidade do mesmo nome.

Em Ibadan, no alto de uma colina, num segundo andar de sobrado, fomos encontrar o etnólogo Pierre Verger, que está concluindo um importante trabalho de pesquisas relacionadas com o Brasil.

Maria, a esposa nigeriana de um professor alemão da Universidade de Ibadan, ofereceu-nos um almoço de comida saborosa com muita pimenta, acarajés e vinho de palmeira. Ela possui, na sala, uma pata de elefante, várias máscaras rituais, muitas cestas e me ensinou a jogar *ayo*. Consta esse jogo iorubá de uma tábua comprida, com seis cavidades redondas de cada lado. Em cada cavidade, colocam-se quatro sementes. Joga um parceiro de cada lado. Movimenta as pedras do seu lado, colocando-se uma a uma nas cavidades seguintes. Pode começar pela cavidade que desejar. Vão ficando, portanto, casas vazias que o parceiro na sua distribuição de pedras vai enchendo. Quando terminamos de colocar as pedras numa cavidade onde haja apenas uma ou duas pedras, podemos comê-las. Ganha o jogo quem come mais pedras.

Visitamos um professor iorubá. Fomos magnificamente recebidos pela sua primeira esposa, ou a Senior, que se chama Segui, o mesmo nome da pedra azul, preciosa. Contou-nos que o marido está querendo trazer para casa uma terceira esposa e mostra-se preocupada.

Ele é jovem e alegre. Saiu conosco pelas ruas de Ibadan, apresentou-nos à sua velha mãe e ao obá seu tio. Para saudá-lo, jogou-se no chão e fez com tanta habilidade, apoiando-se nas pontas dos pés e das mãos, que não sujou a roupa, assim como nossos capoeiras que sabem lutar sem enxovalhar a calça branca. Depois, acompanhou-nos à casa de S.O. Onajin, pai de um moço que está estudando em Belo Horizonte.

Tivemos a agradável surpresa de encontrarmos uma festa de batizado, ou melhor, do "dia de dar o nome" à sua última netinha. Levamos fotografias de Ioren Onajin, na porta da Faculdade de Ciências Econômicas de Belo Horizonte e num restaurante. O irmão, pai da meninazinha, deu pulos de alegria, o pai comoveu-se, ajuntou a família e cada qual admirava mais aqueles retratos vindos de tão longe.

Em frente à casa haviam colocado mesas e cadeiras sob um avarandado de trepadeiras. Deram-nos uma mesa e assim que nos acomodamos chegou uma orquestra de tambores e xaxarás. O professor ia traduzindo o que os tambores diziam:

— Estão saudando os donos da casa; estão saudando o pai da criança e desejando que tenha muitos filhos mais; estão saudando a mãe – e assim por diante.

Uma hora depois os tambores saudaram a Antonio Olinto e disseram que o consideravam amigo e que os inimigos dele seriam de agora em diante também inimigos dos tambores. Muitos homens dançaram e por fim dançaram a mãe da criança e a avó.

Os convidados se acercaram e colocaram moedas na testa de cada uma. É a maneira gentil de darem presentes.

Na Bahia, nos candomblés de Keto, quando os orixás dançam, o povo também dá dinheiro, passando a nota por cima da cabeça do santo e jogando-a aos pés dos tocadores. Quando a ialorixá dança, o dinheiro é jogado a seus pés. Mas aqui o costume de pegar a moeda na testa é para qualquer pessoa que se deseje homenagear. Vi fazerem a mesma coisa com uma jovem que dançava muito bem numa boate de Ibadan, dessas que funcionam ao ar livre e são tão pitorescas. A moça apanhou a moeda, agradeceu e colocou-a na testa do atabaquista. Certos músicos, para mostrar prestígio, vão deixando as moedas enfileiradas na testa e não sei como conseguem equilibrá-las. Fui tentada a homenagear uma jovem vestida com um lindo pano azul, desses que se chamam adirê. Dançava com tanta graça que muita gente parou para admirá-la e um louva-deus saltou na sua saia. Era magra, bonita, usava na cabeça um turbante de cinco pontas, em tons de azul e verde, armado, enorme, recendendo a aromas, e talvez por isso me fizesse lembrar a flor da ervilha.

Ifé, a capital religiosa dos iorubás

Por uma estrada cheia de curvas, em terreno montanhoso, sombreada de árvores e pavimentada de bom asfalto, fomos com Yeda e Guilherme Souza Castro visitar Ifé. Passamos por aldeias iorubás, sempre muito povoadas e de comércio intenso. Em algumas sentimos cheiro de casa de farinha e encontramos nas tendas o produto exposto.

Vi muita banana, batata-doce, cana, laranja, inhame, acarajés, biscoito, pão, arroz, estranhos bolinhos, montinhos de substâncias piladas, comidas da terra, inclusive uns caramujos maiores do que ovos dos quais eles comem as lesmas, assim como os franceses, os *escargots*. Em todas as comidas sobressaem tons vermelhos e verdes das pimentas-malaguetas, dos pimentões e suas variedades. O nigeriano come tanta pimenta quanto nós o sal.

Vimos casas em estilo antigo, com lindas colunas que vão se afinando para sustentar os telhados outrora de palha e hoje, infelizmente, de zinco.

Por toda parte, contudo, existem sobrados semelhantes aos do Brasil. É a influência dos escravos que regressaram conhecendo ofícios e novas técnicas. Formaram eles uma elite cultural, uma espécie de burguesia que se enriqueceu depressa. Não podendo construir casas no estilo tradicional, reservado para os nobres obás, ergueram seus sobradões, alguns com esculturas ornamentais, outros com venezianas.

De repente, depois de uma colina, apareceu um rio largo, correndo entre campinas. Flores do campo, borboletas, passarinhos e lavadeiras coloriam o verde macio dos matos. É o rio Oxum, um rio de lenda de mãe de santo, um rio mitológico. Ali estava ele, vivo, real, existindo. "Ora-iê-iê-iô!" – gritamos para a sereia das águas doces e me pareceu ver na correnteza um reflexo cor de ouro.

Em Ifé visitamos o museu onde estão expostas várias cabeças de onis, ou reis, em latão, datando de uma época situada entre o décimo e o 15º século. Há uma grande controvérsia sobre a arte de Ifé. Alguns historiadores acham que se trata de criação diretamente inspirada por algum escultor itinerante, vindo da Europa na época da Renascença. Teria essa figura problemática ensinado uma técnica mais avançada aos fundidores de bronze do país de Ifé. Outros acham que a influência é do Egito. Um terceiro grupo defende a tese segundo a qual o método do trabalho no bronze tenha sido importado a Benim pelos portugueses. Enquanto uns acham que os escultores de Ifé ensinaram aos de Benim, outros acham exatamente o contrário. Os nigerianos, entretanto, estão convencidos que existem uma arte de Ifé e outra de Benim, sem influência de fora. Ambos os reinos tiveram um desenvolvimento capaz de produzir tais obras.

Além das cabeças, estão no museu trabalhos em cerâmica e alguns exemplares dos famosos mármores de Ifé. As cabeças de bronze são ornamentadas com orifícios pequenos em torno da boca e nas narinas. São lisas e de traços puros, num acabamento fino, reproduzindo olhos amendoados, narizes bem-feitos e lábios grossos.

O escultor B. Olueymi trabalha no museu. Estava lendo livros ingleses sobre técnicos de arte, editados em Oxford. É um jovem autodidata que nunca saiu da cidade. Faz figurinhas de madeira reproduzindo aspectos da vida nigeriana. Essas figuras são feitas também em Ibadan e Lagos. Lembram um pouco, pelo assunto, a nossa cerâmica popular do Nordeste. São vendedores de banana numa canoa, e uma tecelã tecendo e carregando o filho nas costas, são vendedores de vinho de palmeira ou de azeite de dendê carregando na cabeça enormes cabaças em forma de bilhas, ou então mulheres carregando cabaças chatas e grandes como gamelas, tocadores de atabaques, obás debaixo de guarda-sóis seguros por escravos, mulher penteando outra etc. Pintam o corpo das figuras de preto ou de tinta parda e deixam cor de madeira a parte dos objetos ou das roupas. Algumas são muito bonitas e as do escultor B. Olueymi, ao contrário das peças folclóricas que comprei em Ibadan, apresentam interessantes deformações, um alongamento de tronco, um afinamento de pernas e pouca importância aos detalhes dos pés e dedos que são tão cuidados nas outras.

Faz também esculturas em terracota imitando as do museu. Sempre cabeças, à maneira das cabeças dos onis, mas com fisionomias de contemporâneos. Ficou radiante quando compramos uma delas e fez questão de nos levar até a casa de sua família, onde os meninos tiveram a oportunidade de admirar de perto o bicho branco, o "oimbô".

Depois nos levou até o apartamento do diretor do banco, no segundo andar de um prédio moderno. A senhora nigeriana e os filhinhos nos receberam com muita hospitalidade e pouco depois chegou o marido. Numa estante envidraçada estão expostas as peças de B. Olueymi. Na Nigéria, como no Brasil, o artista de talento acaba sempre encontrando refúgio em alguma casa bancária. Os bancos devem ser os sucessores modernos dos castelos e das catedrais.

Estivemos visitando o palácio do Oni de Ifé, mas apenas do lado de fora, pois para nele se entrar é preciso que se peça autorização com antecedência de dois dias. Pierre Verger conta em seu livro *Dieux d'Afrique* a história de Oraniyan, sétimo filho de Okambi, filho de Odudua, primeiro rei legendário dos iorubás. Depois de muitas façanhas, tornou-se Oraniyan Oni de Ifé, cidade que ficou sendo uma espécie de capital religiosa dos iorubás. Vê-se ainda hoje na cidade um monumento de pedra em homenagem a Oraniyan, onde se lê a inscrição "Opo Oraniyan". Parece, diz ainda Verger, que o sabre de Oraniyan, denominado "sabre da justiça", é guardado em "Ille Ifé". Esse sabre deve estar nas mãos dos reis de Oió na cerimônia de entronização para assegurar-lhes a autoridade futura.

A moderna Ifé é uma cidade de casas baixas, cobertas de zinco, com um próspero comércio, muito movimento nas ruas, escolas, bancos, alguns sobrados e os mercados.

Descansamos das horas mais quentes num restaurante com boa sala de estar e almoço razoável. À tardinha voltamos para Ibadan, passando de novo por muitas aldeias e cruzando o rio Oxum.

Bumba meu boi em Lagos

Existem certos começos de ano que ficam marcados e dos quais a gente se lembra sempre e vai contando o que aconteceu pelo resto da vida. Tenho certeza que esta virada de 1962 para 1963 será assim, não propriamente pela hora da meia-noite, mas pelo que houve no dia seguinte.

Passamos o ano numa boate de Lagos chamada Kakadú. Ao chegar o momento, fez-se um pequeno silêncio e, em seguida, com entusiasmo tocaram o Hino Nacional da Nigéria. Só então as pessoas se abraçaram, mas sem muita efusão. O africano não costuma beijar as moças em público, e ali éramos, junto com os dois amigos que nos acompanhavam, os únicos estrangeiros.

Quando voltamos para casa, vimos as ruas cheias de gente. Não cantavam nem dançavam, soltavam é verdade algumas bombas e fogos, conversavam e riam. Andavam de um lado para outro e usavam casquetes de papel colorido.

Acordamos tarde e foi a conta de irmos para a casa de Romana da Conceição, a nossa amiga que veio da Bahia em 1889 e reside no Brazilian Quarter.

Luzia, sua filha, nos oferecia um almoço nigeriano. O ambiente era de festa por toda a parte. Em muitas casas haviam colocado mesas e cadeiras em frente às portas.

Passavam mascarados iorubás seguidos de um guia segurando uma vara comprida. É uma reminiscência de uma cerimônia que se fazia para venerar os antepassados e que em algumas regiões da Nigéria ainda é realizada com seriedade. Mas em Lagos os "Eguns" se transformaram em carnaval. Não deixam de ser lindos, com vestimentas riquíssimas e máscaras antigas, talhadas na madeira. Ao lado destes aparecem os improvisados, com pano no rosto, folhas e palhas. Vão entrando nas casas, formulando bons votos. Os moradores esfregam as mãos e dizem:

— *Adupé, achê-ô* — o que em iorubá quer dizer: "assim seja", "obrigado".

Os muçulmanos do norte, vestidos com muitos panos e usando turbantes e véus, paravam, observando esse costume da gente da costa. De repente apareceu um grupo de calabares acompanhando uma estranhíssima figura de máscara preta, forrada de pele, pintada de cores berrantes e tendo cinco imensos tentáculos em várias direções.

Nosso almoço foi alegrado por músicas de muitas regiões da Nigéria tocadas por grupos que percorriam as ruas ou pela vitrola. Luzia ofereceu-nos, além de outros pratos universais, deliciosos acarajés e "mãe-mãe", uma espécie de abará feito com feijão pardo.

Voltamos para nosso apartamento à tardinha. Romana havia nos avisado que teríamos algumas visitas de descendentes de brasileiros que iam nos mostrar a "burrinha". Comprei meia dúzia de cervejas e calculei que seriam suficientes, junto com as que estavam na geladeira. A noite caiu e, em nossa varanda, Romana ficou muito atenta, observando a rua. Pouco depois pediu que descêssemos. Na porta do edifício tive a maior surpresa de minha vida. Cerca de duzentas pessoas estavam chegando em cortejo precedido por meninos que sustentavam na cabeça lampiões de carbureto. Eram homens e mulheres vestidos de vermelho e branco e usando casquetes com a palavra *BRAZILIAN* bordada. Admirei mais ainda a finura de Romana da Conceição. No elevador ela havia tirado da bolsa uma faixa branca e verde e um gorrinho verde com os quais me paramentara.

São as cores da Nigéria. A boa tia havia me preparado para responder à altura aquela homenagem prestada ao Brasil.

Toda gente cantava, dançava, aguardando os bichos. Chegaram o Galo e a Ema, o Cavalo com o Cavaleiro. Para cada um, houve uma dança especial da qual eu participei dando o braço a Romana e aos diretores do grupo. O Cavalo e o Cavaleiro dançavam de um lado, entre alas de figurantes, e nós, do outro.

A parte mais dramática foi a chegada do Boi, um alto, imenso e lindo Boi. Todos gritaram em português: "Boi! Boi! Boi!" E o Boi corria para pegar os meninos. Parou, ajoelhou-se e saudou-nos. Alisamos sua cabeça e ele dançou, agradecendo. Na Odulami Street, em Lagos, neste ano de 1963, estávamos pois vendo um bumba meu boi, folguedo que os pretos trouxeram do Brasil e que é realizado por volta do Natal e Ano-Novo.

Em nosso edifício residem diplomatas de cinco países. Notei que a música atraíra gente em todos os andares. Doutor Elliot, meu médico, mora no quinto andar. Fazia sinais perguntando o que era aquele movimento. Por gestos convidamo-lo e a senhora a participar da brincadeira. Desceram satisfeitos. Quando o povo subiu as escadas e entrou em meu apartamento, *Mrs.* Elliot, senhora que eu conhecia apenas de vista, ajudou-me a servir como se fosse pessoa de nossa família. O casal percebeu meu aperto e emprestou-me refrescos e cervejas que foram oferecidos enquanto esperávamos a volta do amigo que fora buscar reforço.

Os diplomatas nossos vizinhos ficaram admiradíssimos com o prestígio do Brasil. Uma embaixada tão nova, que não tem ainda nem embaixador, já atrai uma multidão dessas, coisa que nenhuma outra nação conseguiu até hoje. Ouvindo esse comentário, sorri e pensei: é o resultado da nossa política antirracista, da nossa capacidade de confraternização e solidariedade.

Terminada a visita, novamente na rua, o Boi e os bichos dançaram, despedindo-se. O cortejo seguiu para os lados do adro da Matriz da Santa Cruz, onde ontem à noite quisemos chegar até o altar-mor para ver o presépio e não conseguimos, tamanha era a quantidade de fiéis. Os católicos de Lagos costumam passar o ano rezando na igreja que seus avós construíram e que representa um comovente exemplo do êxito da catequese dos brasileiros.

Bumba meu boi, presépio e catolicismo, os iorubanos aprenderam conosco.

O atlas linguístico do Brasil passa por Ibadan

A maior influência da cultura africana no Brasil deve-se aos iorubás, pois através de lendas e tradições ainda hoje continuam inspirando literatura, artes e o inconsciente místico de nosso povo. Em Salvador, nos terreiros de candomblé, ainda se fala a língua iorubá. Do Norte ao Sul, o ritual tradicional da religião iorubá sincretizou-se com outros cultos menos dramáticos, formando, por exemplo, para só falar de alguns, no Amazonas, os babassuês, em São Luís, os tambores de mina, no Recife, os xangôs, no Rio de Janeiro, as macumbas e, no Rio Grande do Sul, os batuques. São familiares a todo o povo brasileiro os nomes dos orixás africanos que, sincretizados com os santos católicos, são venerados em pejis e altares de igrejas.

Devemos aos iorubás ou nagôs também a cozinha baiana. São eles o povo mais culto da Nigéria, os intelectuais da antiga Costa dos Escravos.

Nossos pesquisadores, desde Nina Rodrigues, têm estudado conscienciosamente esse aspecto da realidade brasileira. Esmiuçaram documentos, colheram estórias, disciplinaram a literatura oral, classificaram nosso folclore.

Sabemos hoje mais sobre influência africana em nossos costumes do que, por exemplo, a história do tráfico de escravos e a origem das palavras tidas como brasileirismos. É que um estudo sério dessa história e dessas etimologias só pode ser feito na África e, particularmente, nas terras dos nagôs. Se estamos mais ou menos cientes no que concerne às pesquisas no Brasil, as que urgem serem feitas na África estão apenas se esboçando.

Deve o Brasil imenso obséquio ao antropólogo francês Pierre Verger pelas revelações que vem publicando há dezesseis anos em revistas do Brasil e da Europa e em livros editados na França sobre a enorme influência que o Brasil exerceu na África. Seus livros correm mundo e aumentam o prestígio do Brasil muitas vezes mais do que as propagandas diretas. Passa ele metade do ano na Bahia e outra metade no Daomé ou na região iorubá da Nigéria. Embora se tenha especializado no estudo da religião dos nagôs, suas pesquisas frequentemente se cruzam com a história do tráfico negreiro, da política colonial inglesa e portuguesa, com o repatriamento dos escravos ou a sobrevivência de artesanatos e costumes brasileiros na África de hoje.

Muitos outros sábios europeus interessados na África ocidental se admiram da ascendência exercida pelo Brasil nestas costas a ponto de ter dado à Nigéria uma arquitetura semelhante à de Salvador. Todavia, ninguém ainda pôde estudar seriamente o intercâmbio de palavras entre a África e o Brasil.

A dialetologia é ciência nova. Disciplinou-se no século passado e visa ao levantamento do atlas linguístico dos países. Para que possamos escrever o nosso mapa dialetológico, é imprescindível uma pesquisa sistemática em toda a região da África de onde recebemos escravatura, principalmente na zona iorubá. Quem se der ao trabalho de folhear nossos dicionários encontrará, entre galicismos e italianismos, uma infinidade de palavras classificadas como brasileirismos, que são evidentes africanismos, tal como *Oxum*, rio da Nigéria e nome do orixá da beleza.

Em Ibadan, a maior cidade negra da África e portanto do mundo, temos agora um casal de técnicos em dialetologia. Yeda e Guilherme Souza Castro são formados pela Faculdade de Filosofia da Universidade da Bahia. Foram assistentes do professor Nelson Rossi, a maior autoridade mundial no assunto, no Laboratório de Fonética de Salvador. Ajudaram a formular o questionário para o levantamento dos falares baianos e observaram textos cantados em localidades rurais da Bahia.

Os brasileiros que vieram para a África em 1889, cantando modinhas e cantigas daquele tempo, forneceram aos dois pesquisadores a resposta de muitas perguntas que tinham ficado em suspenso.

— Graças a Deus chegamos aqui enquanto eles ainda estão vivos — disse-me Yeda. — O nosso trabalho ganhou dimensão nova.

Guilherme Souza Castro foi enviado como leitor brasileiro para esta cidade de intensa vida cultural a ponto de abranger duas universidades, a de Ibadan e a de Ifé. Está dando um curso de português para uma turma que deseja "falar brasileiro". Os contatos mantidos pelo casal com descendentes de escravos repatriados já permitiram que descobrissem inúmeras palavras brasileiras de origem africana ou vice-versa, além de corruptelas, deformações.

O casal deixou uma filhinha em Salvador, com os avós, fez os maiores sacrifícios e continua lutando bravamente por seu ideal. Além das inenarráveis dificuldades econômicas, o trabalho tem de ser feito de forma primitiva. Não possuem gravador, biblioteca de consulta, eletrola. Não podem viajar por falta de meios e as pesquisas marcham lentamente porque os contatos saem caro, exigem hospitalidade, almoços, jantares. Isso é quase impossível para um casal – lamento dizê-lo a bem da verdade – que tem passado até fome. É uma pena a falta de meios que o casal enfrenta, pois dificilmente poderemos enviar outros especialistas para essa pesquisa.

Além de técnicos em dialetologia, Yeda e Guilherme falam a língua iorubá, sabem conviver com africanos, fazer amizade, comer pimenta como se fosse sal, lidar com o povo dos mercados e aceitar costumes que chocariam pessoas menos experientes.

Os Souza Castro também estão atirando no que veem e matando o que não veem. Na colheita de palavras esbarraram e descobriram documentos preciosos que irão entusiasmar os nossos historiadores. Um deles, referente ao processo de repatriamento de escravos, conta numa reunião em Lagos, em 1890, na Government House, convocada por Sir Alfred Moloney, governador da colônia e protetorado de Lagos, e assistida por um agente de navegação, pelo secretário colonial, pelo chefe da justiça e outras autoridades britânicas para que pudessem discutir com um numeroso grupo de ex-escravos repatriados do Brasil.

Desejavam os ingleses que os presentes escrevessem para parentes e amigos que haviam ficado no Brasil e pedissem a todos os repatriados de Lagos para fazerem o mesmo. Explicavam que, para "ajudar a construir a pátria", a Nigéria precisava atrair os brasileiros, mais cultos do que os nativos, mestres de vários ofícios, inclusive exímios mineiros e agricultores.

Visavam os ingleses valorizar a colônia e ao mesmo tempo cortar o progresso do Brasil, que temiam como perigoso concorrente de suas colônias, roubando a nossa mão de obra durante a crise que a libertação dos escravos provocou. Para ensinar o povo africano, o europeu não servia. Era preciso vir negro educado no Brasil, capaz de suportar o clima, as febres e comer as comidas da terra.

Outro documento mostra como foi feita a propaganda no Brasil pela volta à África.

Estão agora os Souza Castro pesquisando na papelada dos navios da época quantos ex-escravos voltaram. Não sei se terão tempo de levar a cabo a pesquisa. Infelizmente, em vez de serem incentivados e auxiliados financeiramente, quase foram chamados de volta, tendo apenas sido autorizados a ficar até junho, pois seria feio para o Brasil interromper agora o curso de português, no meio do ano letivo, que aqui termina no início das chuvas.

Por ser Ibadan a maior cidade negra do mundo, por ser a capital dos iorubás, por ter um bom ambiente cultural, por ter tido influência do Brasil e por todas as razões econômicas e éticas que determinam o intercâmbio cultural dos povos, é importante para o Brasil manter o leitorado de Ibadan.

O Ataojá de Oxogbô, cidade de Oxum e seus noventa filhos

Oxogbô é uma cidade da Nigéria, situada a três horas de Ibadan, por estrada de bom asfalto. É zona agrícola, de fartura, onde as plantações de mandioca, inhame, feijão e outras menores se intercalam com as roças de cacau. Inúmeros povoados vão surgindo nas voltas do caminho e por todo o percurso encontramos homens e mulheres carregando enormes calabaças na cabeça. São cuias cortadas no meio e parecem bacias de tão grandes. É o tabuleiro dos africanos.

As mãezinhas carregam os filhos amarrados nas costas como se fossem parte do próprio corpo. A criança não atrapalha o comércio nem a lida doméstica. Para protegê-la do sol, colocam um pano de estampados brilhantes sobre a calabaça, caindo-lhe nas costas. Outro pano é arranjado em cima deste para proteger os ombros, formando uma tenda ambulante, e os meninos dormem felizes no ondular macio da caminhada.

Às vezes em cima dos panos colocam outra calabaça como jarro sobre bacia. Estas não são cortadas e parecem imensas bilhas. Servem para guardar azeite de dendê ou vinho de palmeira.

Agora já estou me acostumando com os horríveis telhados de zinco que caracterizam a costa ocidental da África. Doem na vista com o sol claro, espelhando milhares de reflexos. Não reparo mais neles com desagrado. Preocupo-me então com paredes e fachadas. Tenho visto portas de madeira talhada, janelas esculpidas, colunas que amontoam figuras esculpidas.

As colunas de alvenaria também, nesta região, são belas. Grossas na base, e bojudas, vão afinando para sustentar o teto baixo do avarandado.

Nosso carro dobrou a esquina do templo de Oxum e entrou no pátio do palácio do Ataojá. Imediatamente uma banda de tambores de formas variadas veio nos receber.

Entramos num salão cheio de poltronas, tendo no centro uma cadeira de braços, esculpida, imponente e alta. Na mesa em frente, uma lâmpada elétrica dentro de conchas grandes pareceu-me familiar. Duas penteadeiras de alcova decoram o salão em cantos opostos. Há também uma eletrola, um altar com a fotografia do Ataojá, o retrato da rainha da Inglaterra, uma estampa do Bom Pastor e o machado de Xangô esculpido em madeira vermelha.

Quando o Ataojá chega, homens e mulheres se calam. Não o olham de frente; jogam-se ao chão ou se ajoelham para saudá-lo.

O Ataojá tem mais de noventa filhos e um horror de mulheres. Para cada filho que nasce, manda plantar uma roça de cacau que estará rendendo quando chegar o tempo de educá-lo e será um patrimônio quando se casar.

O tesouro de Oxum está guardado no palácio do Ataojá. Suas filhas e suas mulheres usam argolas e colares de ouro. O Ataojá é rico, suas mulheres são férteis, suas terras, sempre regadas e seus bichos, gordos.

A mão de Oxum cobre o reino do Ataojá. Todos os anos o Ataojá festeja Oxum, jogando no rio oferendas. É que Laro, seu antepassado, fez um pacto com o rio. Vinha ele conduzindo seu povo por terras ruins e já haviam passado muitas necessidades e desgraças. Nisto chegaram às margens do rio Oxum, onde as águas jamais secam e a erva é sempre viva.

Descansaram, dormiram e Laro achou o lugar bom para instalar sua gente. Alguns dias mais tarde, a mais bela de suas filhas desapareceu, quando se banhava no rio.

Quatro dias depois reapareceu ricamente vestida, carregando presentes e contando que havia sido muito bem recebida pela deusa que ali morava.

Laro fez uma festa de gratidão ao rio, oferecendo-lhe presentes. Muitos peixes mensageiros da deusa vieram comer as oferendas. Um peixe grande espargiu água. Laro recolheu-o numa calabaça e bebeu-a, fazendo assim um pacto com o rio. Estendendo as mãos, o peixe saltou para dentro delas. Oxum havia confirmado o pacto.

Laro cognominou-se daí por diante Ataojá, que, segundo Pierre Verger, autor de *Dieux d'Afrique*, livro onde aprendi essa história, agora recontada pelos filhos da terra, exatamente igual, significa, pela contração da frase iorubana "a tewo gba eja", aquele que estende as mãos, e declara que "Oxum está em plena maturidade" ou "Oxum Gbo".

Perto desse lugar sagrado há um templo que está sendo reconstruído. O ambiente é de sonho, com muita sombra, flores do campo, borboletas, pássaros, lugar de santa – sereia, quintal de mãe d'água.

O Ataojá apareceu para nos receber. Vinha vestido de calças de veludo preto, joias, agbá de rico *aso okê*, bordado de ouro e forrado de pano amarelo, e um *filá* também de veludo.

Ficou imensamente contente de nos conhecer. Mostrou-nos a lâmpada de conheça, na sua mesa, diante do trono, e contou-nos que ali a conserva há quinze anos. É presente da princesa ialorixá

Oxum Miuâ, ou Yyá Nassô, ou a nossa querida amiga senhora dona Maria Bibiana do Espírito Santo, a mãe de santo do *Ilê Opô Afonjá* da Bahia. Verger levou presentes do Ataojá para Mãe Senhora e trouxe a lâmpada.

Oferecemos por nossa vez ao Ataojá revistas e folhetos ilustrados sobre o Brasil, tendo ele admirado fotografias de Brasília.

Dei-lhe meu livro *Três mulheres de Xangô*. E então aconteceu uma coisa formidável, o próprio Ataojá, o grande rei de Oxogbô, com suas mãos que jamais trabalham, nos serviu um almoço, trazendo os pratos que suas iaôs iam enchendo e colocando em nossa frente. Era um arroz à moda africana e uma carne picada. Cheirava bem, de dar água na boca, e tinha aquele colorido dourado dos vatapás.

Estávamos famintos da viagem e sedentos de tanto calor. Ataojá deu-nos bebida, acarás, amendoim. Quando provei a primeira garfada, senti que meus olhos choravam. Era pimenta pura, ardendo, doendo na língua, na garganta, entrando pelas narinas, pelos olhos.

O Ataojá no seu trono nos olhava sorrindo, pronto a encher algum copo que se esvaziava. E para mim e Pierre Verger, que estávamos mais próximos dele, voltava-se constantemente.

Verger, depois dos sessenta anos, é muito frugal no comer, evita condimentos, carne, gorduras. Mas nós nos comportamos dignamente. Comemos até o fim, deixando o prato vazio. O de Antonio Olinto ficou pela metade, mas ele disfarçou o resto com o guardanapo de papel.

Uma bacia de água perfumada foi trazida. Lavamos as mãos e agradecemos a atenção do Ataojá.

Lá fora os tambores tocavam saudando os visitantes do Ataojá que haviam sido honrados com a sua comida, servida por suas próprias mãos; saudando o Ataojá que recebia com a largueza e a fartura dos grandes reis, saudando a Oxum, madura, a rica e generosa iabá da beleza.

Oxum Gbo tem orelhas grandes para ouvir preces, olhos grandes para ver tudo e uma espada para defender seu povo. Ela mora no rio, em frente ao templo.

Mais além, rio abaixo, mora Oxum Miuá, a que possui um pilão de ouro, a que gosta de comprar joias de ouro e de cobre, a boa freguesa dos vendedores hauçás. Oxum Miuá, a Oxum de Mãe Senhora, é a mais rica das Oxuns. O Ataojá, em homenagem à Mãe Senhora, mandou chamar a sacerdotisa de Oxum Miuá ao seu palácio para que a conhecêssemos. Saudamo-la na forma correta, dizendo: "Oia-iê-iê-ô!"

Porto Novo no Daomé

O sol no meu apartamento em Lagos descreve uma curva pequena e fechada do nascente ao poente, dando a impressão de não chegar nunca ao meio do céu e só perambular pelas margens das águas. Às seis horas ainda é noite escura, lá pelas 6h30 surge uma fulgurante alvorada de cinco minutos. Logo o sol, muito vermelho, vai subindo sem atenuar a crua luz alaranjada.

O crepúsculo é um pouco mais lento em comparação à rapidez da aurora, sendo, contudo, mais veloz do que o nosso. Assim é que nestes equadores somos do preto ou do branco, sem meios-tons.

O povo iorubá atenua a claridade usando roupas tintas de índigo. São os panos de estampas tradicionais, trabalhados à mão e que se chamam *aderês*. Fazendas de algodão de tecelagem europeia procuram imitar as formas dos aderês e fazem séria concorrência à indústria nacional que não pode competir com os preços da fabricação mecanizada.

De Lagos a Porto Novo, capital do Daomé, são apenas duas horas e meia em estrada de bom asfalto, mas no tempo deve-se atrasar uma hora, acertando novamente os relógios na volta. O sol não toma conhecimento das convenções humanas e assim no Daomé amanhece no relógio ainda mais tarde do que na Nigéria.

A estrada que une os dois países passa por roças de cacau que formam acolhedoras sombras e amenizam o calor úmido.

Entre elas existem plantações de inhame, mandioca e coqueirais. É também região de *grapefruit*, laranja, abacaxi e abacate. Na fronteira, dois postos, no primeiro os relógios marcam *"half past ten"* e no outro *"Il est neuf heure et demi"*.

Meninas nagôs vendem fartas pencas de banana-maçã.

O povo é o mesmo, fala a mesma língua iorubá, veste-se de azul, mas há pequenos detalhes que diferenciam a colonização latina da anglo-saxônica.

Nas estradas reais da Nigéria e nas grandes cidades, o povo convertido ao protestantismo é mais pudico.

Logo depois da fronteira, no Daomé, raras são as mulheres que esconder os seios. As meninas até a puberdade andam nuinhas, com cintos de contas caindo sobre o ventre.

A Nigéria não liga para jardins, despreza doces e frutas, come o pão de fazer sanduíche e bebe cerveja. No Daomé, como na Bahia, há muita cocada, muito biscoito, pão francês e vinho.

Vi jardins, em tudo semelhantes aos nossos, e hortas. Com que prazer fomos descobrindo canteiros bem regados de alfaces tenras, cebolinhas, cenouras e tanta verdura boa.

Outra diferença que testou definitivamente a inteligência do nosso motorista é o conceito de "mão". Na Nigéria, a mão é do lado esquerdo, como na Inglaterra, no Daomé, do direito, como no Brasil. *Sunday* (domingo) o nosso chofer calabar que nunca havia saído da Nigéria adaptou-se prontamente à mudança, sem cometer o menor esquecimento.

Paramos em Porto Novo, no adro da igreja. Era a missa das crianças, tão engraçadinhas com vestidos engomados e torços coloridos. Aqui elas não se espantam conosco, não gritam "oimbô" como na Nigéria. São risonhas e dizem: *"bonjour, madame"*, *"bonjour, messier"*.

Porto Novo é uma cidade pequenina, sede do governo e da universidade. É impressionante a quantidade de sobrados e casas no estilo da Bahia. Nós havíamos ido ao Daomé especialmente para assistir à festa de Senhor do Bonfim que se realiza todos os anos naquela cidade.

Foi iniciada pelo falecido Rosalino, irmão de nossa amiga Maria Ojelabi, a baiana de Nazaré, que veio para cá mocinha em 1899.

O zelador da festa é agora Casimiro d'Almeida. Nós havíamos nos equivocado. A Festa do Bonfim realiza-se no dia 20, ou seja, no terceiro domingo de janeiro, como na Bahia.

Fomos encontrar Casimiro d'Almeida pitando um cigarrinho e vestido com paletó de pijama, hábito que a maioria dos descendentes de brasileiros ainda conserva. Ficou muito comovido com nossa visita e nos convidou para voltarmos na próxima semana, como convidados especiais dele.

— A civilização no Daomé — disse-nos orgulhoso — é obra de brasileiros. Quando nossos avós chegaram do Brasil, ninguém aqui sabia fazer casa, mobília, roupa, sapato. Eles ensinaram este povo a trabalhar na forja, a plantar, a fazer farinha, azeite, a criar gado, a moer cana. Tudo obra dos brasileiros. A primeira igreja católica foi construída pelos brasileiros, que converteram muita gente.

No Daomé a influência brasileira é evidente desde as comidas até os sobrenomes. São os Souza, os Damatta, os Silva, os D'Almeida, os Ferraz, os Castro e tantos outros. Formam uma elite cultural e ocupam postos importantes no governo.

A esposa do Presidente da República é de ascendência brasileira.

A principal mesquita de Porto Novo foi construída por um brasileiro muçulmano, mas essa religião não se alastrou pelo Daomé, e eu atribuo o fato, entre outras causas, à influência do catolicismo. Mais do que os protestantes, os católicos sabem conciliar tradições ancestrais e cristianismo.

Na Nigéria são os muçulmanos que sincretizam seus cultos com a religião tradicional. Daí a enorme preponderância deles entre os iorubás. Esse assunto, aliás, merece um estudo mais vagaroso.

No Daomé, para citar apenas um aspecto, os católicos, que aparentemente não são fetichistas, jamais fazem coisa alguma sem consultar um babalorixá. Às escondidas, cultuam seus antepassados ou seus orixás. Exatamente como os brasileiros. Em todo o território nacional, o catolicismo do povo, que se batiza, vai à missa, casa na igreja, confessa e comunga, não impede que frequente centros espíritas, macumbas, candomblés, xangôs, umbandas ou babassuês. Essa universalidade do catolicismo tem sido na África, estou certa, um fator de contenção para o islamismo, realizando indiretamente os sonhos das cruzadas.

Voltando à colonização francesa, louvemos os centros de cultura, as casas da cultura que se espalharam por muitas cidades africanas, os institutos de pesquisa, os museus e o gosto pela cozinha.

O Daomé foi um antigo reino notável pelo seu exército de amazonas. Foi importantíssimo centro de escravos no século XVIII. Os franceses conquistaram o país no século XIX depois de luta sangrenta que terminou em 1894. Tornou-se, então, protetorado da França e, em 1911, reorganizou-se como colônia. Em 1º de agosto de 1960, obteve a sua completa independência, permanecendo como estado autônomo dentro da comunidade francesa, e desde o dia 20 de setembro do mesmo ano pertence às Nações Unidas.

De acordo com a Constituição, o Poder Executivo é exercido pelo Presidente da República, assessorado por um gabinete de nove ministros por ele nomeados. Os deputados são eleitos por cinco anos pelo voto popular. A população é de 1.934.000 habitantes e o número de deputados é setenta.

Porto Novo, a capital, fica tão perto de Cotonou como a avenida Rio Branco de Copacabana. Assim é que o corpo diplomático e membros do governo, em geral, trabalham em Porto Novo e moram em Cotonou, onde existe mais movimento, praia e hotéis melhores.

Achei Porto Novo mais simpática, com seu jeito baiano, seu mercado limpo. Em tabuleiros de vime de mais de metro e meio de diâmetro, colocados em cima de caixotes, as mulheres vendem gêneros alimentícios, fazendas, perfumaria, comidas, ervas, contas, objetos para o culto dos orixás ou vodus, frutas, coisas terríveis e misteriosas para fazer ebós, ou feitiços, tais como caveiras de macacos e outros bichos, cabeças ressequidas de aves, morcegos secos, ratos, lagartos, coisas viscosas, pretas, poeirentas, terras, um horror.

Gostei das cestas e admirei peneiras pintadas de roxo. Para minha grande alegria, descobri cajus enormes e doces – que se chamam cajus mesmo. Admirei montes de coco dendê, outros de coco-da-baía, milho-verde, batata-doce.

O povo fala iorubá e também um francês bonito. Quando são apresentados, não dizem *"enchanté"*, e sim "prazer".

Ingleses, alemães, franceses e americanos estão gastando um dinheirão nesta antiga Costa dos Escravos. Professores, missões culturais, trupes de teatro, bibliotecas, bolsas de estudos... Impossível competir com esses milionários das moedas fortes. E no entanto o nosso pobre Brasil, tão encrencado de finanças, é o país do coração dessa gente toda, desses iorubás, desses hauçás, fonis, ashantis, fulanis e tantos povos sudaneses.

Daomé, o país mais brasileiro da África

A estrada que une a Nigéria ao Daomé é asfaltada e passa entre bosques de cacau que dão sombra, alegram os olhos e perfumam o caminho. De Lagos a Porto Novo são apenas duas horas e pouco, mas as povoações e as feiras acumulam lembranças na memória dos viajantes, fazendo a distância parecer mais comprida. É que o cacau não monopoliza a agricultura. Nesta terra de fartura há muita roça de milho, inhame, mandioca, pomares de laranja, abacate, bananeiras, campos de abacaxi.

Dentro dos córregos, as mulheres lavam roupa, os meninos tomam banho e as moças descem para encher seus potes de água.

À medida que vamos nos afastando da capital, o enfado que as africanas sentem pelas blusas torna-se mais evidente. Comove a serena postura das avós, nas esteiras em frente às casas de tetos de palha, velhinhas com os peitos murchos contando a história das gerações que elas criaram.

As mocinhas também andam à vontade, enfeitando o dia.

As mamães com os filhos nas costas não param para amamentá-los. O menino é virado sobre as ancas e vai sugando leite, enquanto a mãe anda calmamente sem se dar conta da amamentação. As mães pendem livres de embrulhos, ao longo do corpo. Na cabeça carregam cestas de vime pintado de roxo, ou colocam às vezes tabuleiros de madeira ou bacias de ágata. Em cima das cestas, panos pintados de azul, protegendo os carregos e dando sombra ao bebê. É preciso, contudo, distinguir esses costumes do povo dos de uma aristocracia africana que se europeizou e enriqueceu.

Às vezes nos deparamos com um monumento em alguma clareira, antes ou depois dos povoados. São pequenos púlpitos, sem parapeito e no topo de três degraus. Indicam comemoração da Independência ou homenagem à memória de algum chefe.

Na fronteira, como em toda a parte, os postos de imigração, a alfândega e aqui a mudança do inglês para o francês e também o lado da mão, para os motoristas. A Nigéria segue o sistema inglês, colocando o guidom do lado direito, o Daomé imita a França, que neste particular é igual a nós. Assim, a mão nas estradas da Nigéria é do lado esquerdo, e nas do Daomé, do direito.

Porto Novo é cidade pequenina, sede do governo e da futura universidade. Fica a quarenta minutos de Cotonou, o porto principal do país. O que nos espanta no primeiro contato com o Daomé é a influência brasileira. Por toda a parte sobrados no nosso estilo, homens nas portas usando paletó de pijama, ruas com nomes de famílias brasileiras. Quando nos apresenta, a pessoa não diz "*enchanté*", como seria de se esperar. Diz "prazer". Nas conversas aparecem nomes de origem brasileira incorporados à linguagem coloquial, principalmente de comidas, roupas e objetos de uso.

No mercado encontramos, como na Bahia, as curandeiras vendendo ervas, a gente de santo vendendo contas, abebês, oxés, espadas e todo o material indispensável para os cultos tradicionais.

Chamam nossa atenção a ordem e a limpeza em Porto Novo. Latinhas, papéis, tampas de cerveja, cuias, cestinhas são aproveitados para guardar a mercadoria que é apresentada com muito gosto e asseio.

Os produtos são colocados sobre enormes bandejas redondas de vime, formando mesas em cima de latas, pedras ou caixotes.

A estrada para Cotonou é paralela à via férrea, esta de bitola estreita que, num certo trecho, quase esbarra num enorme pé de Iroko, a árvore sagrada com a qual ninguém brinca.

A paisagem é linda, estendendo ao longe areias brancas e coqueirais, cajueiros e casuarinas. Pássaros em bando e aves pernaltas.

Uma ponte imensa atravessa um braço da lagoa. Antes de alcançá-la, nosso carro entrou por um caminho que estava sendo reparado pela população da aldeia. Chegamos a uma pracinha com templo de algum orixá ou vodu, casas, escolas e um estranho monumento para Exu, o deus da fertilidade.

Naquele lugar viveu um coronel francês que se celebrizou por ter tido muitas mulheres e uma infinidade de filhos. Quando morreu, seus descendentes africanos o divinizaram.

Construíram uma casa, esculpiram em madeira sua imagem no tamanho natural, sentado junto de uma mulher que amamenta uma criança, tendo de um lado uma cena de procriação e do outro um animal estraçalhando o outro. O conjunto é extremamente erótico, mas os africanos não conhecem os nossos preconceitos. Para eles, o importante é ter filhos, valendo mais quem tem família maior. A mulher pode ter todos os defeitos sendo fértil. Ai das estéreis! Não há virtude nem formosura que compense...

Em Cotonou conhecemos dezenas de descendentes de brasileiros. Havia morrido um Almeida e em frente à sua casa construíram toldos e colocaram mesas para as visitas. Na casa de um Damatta Santana, vimos sair uma senhora que era tratada com a maior consideração. Pediram desculpas de não apresentá-la, pois ainda estava muito abatida com a tragédia que a vitimara. Era a viúva do presidente Silvanus Olímpio: ela fugira do Togo para junto de sua família, no Daomé.

Apertamos a mão de Alves, Borges, Ferreira, Silva e Souza, homens ricos e importantes no governo.

Casimiro d'Almeida disse-nos:

— Foram nossos pais e avós brasileiros que civilizaram esta terra. Quando eles chegaram aqui, ninguém sabia construir casa de tijolos, fazer roupa, cuidar de lavoura, de gado, de forja ou serraria. Eles ensinaram ofícios, construíram as primeiras igrejas católicas e ensinaram a ler e escrever. Antigamente se falava muito português no Daomé. Agora os brasileiros morreram, a mocidade quer aprender, mas cadê professor?

A colonização francesa no Daomé procurou influenciar culturalmente o país. As escolas e casas de cultura educam uma geração que tem fome e sede de saber. Mas apesar de toda a influência francesa e da falta absoluta de ligação conosco, o Daomé é ainda hoje o país mais brasileiro da África. É com ansiedade que o povo pede para contarmos como é o Brasil. Várias pessoas manifestaram desejo de visitar o Rio de Janeiro, Recife ou a Bahia. Se tivéssemos uma linha de navio ou avião que aceitasse passageiros e se houvesse um pouco de propaganda, poderíamos atrair milhares de turistas africanos. São fascinados pelo Brasil. Seus países possuem moedas fortíssimas. Esses turistas seriam também compradores de nossos produtos fabris, de roupas e objetos de uso. Encontrariam em nossa indústria produtos condizentes com suas necessidades, o clima e os costumes dos seus países.

Quando voltávamos para Porto Novo, ainda em Cotonou, paramos em casa de Appolinaire da Silva, que nos havia convidado para "o copo do caminho". E qual não é nossa surpresa encontrando uma festa de família: avós, tios, cunhados, sobrinhos comemoravam o nascimento de uma menina que surgira pouco antes de chegarmos. Vai receber um nome brasileiro. O pai, que desejava tanto um varão depois de duas meninas, consolou-se com o exemplo de Garrincha.

A Festa do Bonfim no Daomé

Foi em Porto Novo, na véspera do terceiro domingo do ano, no *quartier* Sadoyan. Casimiro d'Almeida, o patriarca dos descendentes de brasileiros, que apesar de nascido no Daomé fala um pouco de português, havia-nos convidado para a Festa do Bonfim, que se realiza exatamente no mesmo dia que em Salvador. Começou, pois, na noite de sábado, com uma exibição da "burrinha" – e o bumba meu boi importado do Brasil.

Numa praça, estenderam cordas isolantes em estacas, colocaram bancos e cadeiras em volta, deixaram o centro amplo ligado a um tapume de esteiras. No lugar de honra, sobre tapetes, colocaram poltronas e mesinhas. A orquestra de pandeiros, cuia, tambor ficou no outro extremo. Nós éramos os amigos brasileiros que, pela primeira vez depois de oitenta anos, chegávamos para aquela festa. A emoção e a expectativa dos presentes manifestaram-se por demorada salva de palmas e vivas quando chegamos. Todos gritaram em português:

— Boa festa, iaiá! Boa festa, ioiô!

Casimiro d'Almeida e sua senhora sentaram-se conosco e o folguedo teve ordem de começar. Três moças vestidas com lindos panos da costa dançaram, cantando versos em português. Muitos desses versos foram recolhidos em 1953 por Pierre Verger e publicados no nº 27 ("Les Afro-Americains") da revista do Institut Français d'Afrique Noire. São versos tirados por uma solista e repetidos pelo coro, versos sem aparente ligação aos motivos tradicionais do bumba meu boi.

Com todas as reservas, pois não pude ainda pesquisar com mais calma esse folguedo, pareceu-me que o enredo desapareceu, ficando apenas as cantigas, algumas delas nossas velhas conhecidas e outras talvez criadas já na África. Por exemplo:

> Cavalaria pernambucana
> republicana
> viva a crioula
> D. Romana
> que é baiana.

Talvez seja um "oriki" para a nossa querida tia Romana da Conceição que viveu em Porto Novo quando era mocinha. Este outro é bem brasileiro:

> Amanhã é dia santo
> dia de corpus de Deus
> quem tem roupa vai à missa
> quem não tem faz como eu.

Um mestre-sala dirigia os cantos. A certa altura mandou que parassem. Fez-se silêncio. Expectativa.

Aos pulos saiu a Ema, linda, enorme. Dançou, salvou e saiu para dar lugar à figura gigantesca de uma mulher branca; com saia e blusa à moda baiana e lenço na cabeça. O curioso é que as figuras cômicas do folguedo usam sempre máscaras brancas. Nós caçoamos dos pretos através da "Catirina", eles caçoam de nós da mesma maneira. E essa caçoada é sempre um ato de amor. Recolhida a giganta, surge o Cavaleiro gordinho, de máscara branca, muito sorridente. Vem montado na Burrinha, em tudo semelhante a um cavalo e sem dúvida a figura mais rica. O coro bisava:

— A Burrinha é brasileira, é brasileira...

Casimiro d'Almeida explicou-me que a "Burrinha" é o asno, ou seja, o animal mais inteligente. E num país onde não existem cavalos, a sua valorização deve ter aumentado.

Por fim, quando se recolheu o Cavaleiro, chegou o elemento dramático, o Boi, aqui bem mais trágico do que o que vimos em Lagos. Este é todo manchado de sangue, com a cara de boi mais triste e desesperada que pode haver. É um boi horroroso investindo contra o povo. Os meninos gritavam e fugiam. O coro ralhava:

— Eh Boi! Eh Boi!

Nova saída dos bichos, novas cantigas, tantas que devem somar mais de cinquenta. Lembro-me desta:

> Menina cadê a saia
> que tua mamãe te deu
> como não deu a camisa
> pegou a saia vendeu.

A música parou, algumas senhoras vieram nos cumprimentar. Casimiro d'Almeida ofereceu-nos champanha e bolo. O povo ganhou cerveja.

Começou então um samba de roda, só as mulheres dançando, que durou bastante tempo. Novos versos em português foram cantados.

No dia seguinte assistimos à missa do Bonfim. A igreja parecia um jardim de tão ricos panos, armados nas cabeças, em turbantes de laços enormes e artísticos, de muitas voltas. Os homens da sociedade do Bonfim estavam vestidos de ternos brancos com faixa verde e amarela. Na faixa, escrito em português: "Senhor do Bonfim".

O padre africano leu um sermão do bispo que não pudera comparecer e no qual é relembrada a origem daquela festa: "Estamos reunidos, nesta manhã, diante do altar, como fazemos todos os anos, para cumprir uma promessa de vossos pais, fiéis a uma dívida de reconhecimento. Exilados em terra estrangeira, vossos antepassados tinham o costume de se reunir uma vez por ano na Bahia onde se eleva a igreja do Bonfim. E lá, relembrando com saudades o país natal, eles uniam suas preces rogando ao bom Jesus o fim do exílio. Suas preces foram escutadas, eles voltaram livres e prometeram solenemente consagrar todos os anos um domingo para homenagear e agradecer ao Senhor do Bonfim, que os consolara nas dificuldades e obtivera sua libertação."

Fiquei surpreendida com o número de comunhões. Raras foram as pessoas que não comungaram. A igreja de Porto Novo é de Nossa Senhora da Conceição. Há também um altar do Sagrado Coração de Maria, outro do Menino Jesus e um lindo presépio.

Ainda a convite de Casimiro d'Almeida, participamos do piquenique que tradicionalmente se faz depois da missa. Numa praça, na beira de uma estrada, colocam tendas cobertas de esteiras. Havia uma de cada lado e no fundo um templo de Oxum. O clã dos Almeida, com os amigos e parentes, sentou-se no primeiro, do outro lado ficou gente dos Silva.

A rivalidade entre as duas famílias não é muito grave. Membros de um e outro clã confraternizam antes do almoço.

Comemos uma feijoada muito boa, feita com pombos, outra com carne, e a terceira em forma de tutu. Comemos guisados de folhas, o primeiro com siri, o segundo com peixe, ovos fritos, rabada com pirão, frutas e bolo. Tudo regado com o bom vinho francês.

Na sobremesa, Antonio Olinto agradeceu a Casimiro d'Almeida e aos brasileiros pelo convite que nos permitira participar de uma festa tão grata a nossos corações brasileiros. Contou como é a Festa do Bonfim na Bahia.

Agradecendo, o filho mais velho de Casimiro disse que só depois da nossa visita compreendera as palavras do pai: "Esta festa, meus filhos, é ouro de lei. Não joguem nunca este ouro fora e façam seus filhos e netos prometerem guardá-la." Seu francês é muito claro e correto e sua voz agradável. Prosseguindo o discurso, declarou que, durante o tempo da colonização, não tinha sido possível ao Daomé, tão ligado ao Brasil, manter laços de intercâmbios. Agora, porém, habitavam um país livre e compreendiam finalmente por que os velhos haviam feito questão de manter as tradições brasileiras. O seu maior desejo, e o de todos os presentes, era que o Brasil concluísse prontamente as relações diplomáticas já iniciadas.

Casimiro d'Almeida agradeceu nossa presença e pediu-nos que viéssemos com mais brasileiros na festa do próximo ano.

Quando ele acabou de falar, as mesas foram desarmadas, a orquestra se organizou num banco e o samba começou.

Dançou sozinha, em primeiro lugar, a senhora de Casimiro d'Almeida, velhinha, agradecendo, à maneira africana, a presença dos convidados, e, antes de dançar, pediu licença a Casimiro. Todos os presentes, um a um, colocaram dinheiro em sua testa. Ela ia dando o dinheiro para os tocadores. Quando acabou, veio me tirar. O que significa uma grande homenagem. Tive de dançar sozinha, com todos os Almeidas e Silva batendo palmas e a consciência da minha falta de jeito, diante daquela gente que tem a dança no sangue. Mas aguentei firme.

As mulheres, então, para me agradar, iam colocando nos meus ombros seus belos panos, aqueles que caem graciosamente sobre as blusas. Fiquei parecendo uma árvore de Natal de tão enfeitada. Meu problema era: o que será delicado fazer destes panos quando terminar a dança? Já não sei de quem são, como devolvê-los? Felizmente tudo se resolveu bem. Começaram a pôr dinheiro na minha testa e os panos me atrapalhavam. A senhora de Casimiro me libertou dos panos e eu pude ir dando meus ganhos para os tocadores.

Boa profissão, esta de bailarina na África. Devo ter recebido uns 3 mil francos naquela dança.

Senhor do Bonfim, do culto brasileiro, estava, como na Bahia, sendo homenageado também na rua. Dançando samba de roda, os descendentes de africanos em Salvador e os descendentes de brasileiros na África louvam Senhor do Bonfim, todos os anos, no terceiro domingo do mês de janeiro.

Canto de amor para a Nigéria

Relendo hoje recortes de correspondências sobre a Nigéria, percebi que meu amor pelas terras de Xangô me fizera escrever talvez com muita intimidade. É que não me sinto estrangeira na Nigéria, considero o povo nigeriano meu irmão, meu igual, e justamente porque participo com amor de sua vida me achei no direito de falar francamente.

Contei tradições e o esforço do progresso com a mesma liberdade com que, por exemplo, me refiro à Bahia e aos meus amigos baianos. É meu estilo esta necessidade de colocar personagens no palco, de explicar como são o rosto e coração de um país, fotografando alguém.

O indivíduo resume o tempo. Em cada tempo o mundo é outro, mas a paisagem às vezes é a mesma. Assim, hoje, para me explicar melhor, me deu vontade de cantar o Níger, o rio de Oiá, a dona dos ventos.

Meu canto de amor corre por ribeiras, chega ao mar. Eu canto o carvão, o petróleo e o azeite de dendê, as tecelagens e as fábricas de cimento da Nigéria. Canto as roças de cacau, as plantações de mandioca, as granjas, os campos de inhame, as feiras e os mercados, canto a madeira e a fibra.

Eu canto o trabalho e a dignidade da mulher nigeriana. Canto as mães do povo que comerciam, tecem ou cozinham com o filho amarrado às costas. Eu canto também as instruídas, as funcionárias, as mulheres de sociedade. A habilidade das mãos e a viva inteligência, a operosidade das mercadoras e a delicada graça com que as *ladies* nigerianas participam da vida cultural do país e das reuniões elegantes.

Eu canto com alegria um edifício altíssimo de Lagos, o "ilôgogorô", e depois a nova moda de colocar "guelês" na cabeça, moda inspirada naquele edifício, armando turbantes de elevado gabarito. Se falo dos "guelês", é preciso louvar os penteados feitos com muito engenho e arte. Constam de trancinhas que são rendas e arabescos. Há o penteado em forma de ananás, o que imita uma cesta, o que se parece com antenas de televisão, mastro de navio, galho de árvore.

Lagos para mim é dona penteada como a chuva; Lagos, a cidade linda da água; Lagos das pontes e das ilhas, do sol brilhando nas roupas azuis; Lagos dos navios e dos barcos; Lagos dos turbantes que parecem arranha-céus, de prédios modernos brilhando contra o sol.

Nos poucos meses em que estou aqui, tenho observado uma repentina mudança, um frenesi de progresso e construção dos mais impressionantes. Surgiram ônibus modernos nas ruas, restaurantes e bares estão se abrindo, cinemas e televisões são inaugurados.

Anunciam-se espetáculos teatrais e concertos e exposições. Artistas modernos inspiram-se em Benim e Ifé ou seguem as linhas mestras da arte popular.

Eu canto as esculturas de madeira de Abeokutá, os imponentes axés de Xangô, os pares de Ibejis, os cofres esculpidos com figuras e destinados a guardar obis ou búzios, o orixá Okô tão simpático no seu cavalo, com a barba grande e os olhos sorridentes, os tabuleiros de Ifé, os cajados, os bichos. E que dizer das cuias de Oió, das almofadas de couro dos hauçás, das figuras de metal dourado dos ogbonis, dos panos da costa, dos adirês, do âmbar, das contas de Nupê, corais e seguis da terra de Tapa, pérolas-da--lua, monjolós, laguidibás?

Eu canto o Museu de Lagos, museu feito de carinho e lembrando, pelo gosto do arranjo, pelo cuidado e pela presença de vida, o nosso Museu do Índio. Esculturas de madeira, cabeças enfeitadas de filigranas, tambores de tantas formas, máscaras, objetos de vários cultos religiosos, exemplares antigos do Corão, portas esculpidas, colunas, bronzes, mármores, joias e terracotas de Benim e Ifé, urnas funerárias, trabalhos em ferro, vidro, cobre e outros metais, tecidos de várias procedências, instrumentos musicais, pedras coloridas.

Eu canto a Universidade de Lagos e as escolas técnicas, colégios, as escolas de datilografia, a fome de cultura da juventude, as livrarias que funcionam dia e noite nos mercados e as livrarias bem instaladas, as coleções de livros africanos, as liquidações de livros nas grandes lojas, os jornais e as revistas com os leitores aproveitando luzes da rua, bancos à beira-mar e luzes nas marquises, para ler, ler, ler.

Eu canto esta vontade de aprender, este heroísmo dos rapazes da Nigéria que se sacrificam para educar um irmão menor ou para estudar, depois de estafante jornada de trabalho. E peço a Deus para que a erudição não afaste os moços de suas famílias – que eles possam estimar suas tradições como os antropólogos e os poetas. Que eles continuem vestindo trajes nacionais, consultando os babalaôs, ouvindo os mais velhos, falando seus idiomas.

Eu canto o sentimento democrático dos povos da Nigéria. No Brasil, damos exemplo da convivência entre as raças, na Nigéria é impressionante a tolerância religiosa.

Eu canto os templos de Xangô, de colunas que são figuras pintalgadas de branco, eu canto as árvores sagradas, as donas dos rios, os guardiões dos caminhos, os médicos dos pobres, os anjos da guarda.

Eu canto a catedral católica de Lagos, com os santos, o Menino Jesus, Nossa Senhora.

Eu canto as igrejas protestantes, as imponentes catedrais anglicanas, as severas capelas dos batistas.

Eu canto a Igreja Nacional da Nigéria.

Eu canto as mesquitas e os muçulmanos que fazem suas orações na rua.

Eu canto as seitas novas que estão surgindo, principalmente a "Kerubu ati Serafu", que se parece um pouco com a umbanda.

Eu canto os Eguns, ou espíritos dos antepassados, que andam pelas ruas vestidos de panos ricos, com luvas e máscaras.

Os iorubás têm uma saudação especial para cada circunstância. Quando passam perto de uma pessoa que está rezando, ou seja ela de que religião for, dizem: "Deus ouça as suas preces".

E, neste canto de amor à Nigéria, quero terminar louvando o povo iorubá pelas suas saudações. "Bom dia" é "E-ka-ró" – ou seja: "Que você não morra esta manhã". "Boa tarde" é "E-Kassán" ou "Ekuirolê" – "Que você não morra esta tarde" ou enquanto está escurecendo. "Boa noite" é "E-Kalé" ou "E-Kaleô" – "Que você não morra esta noite". Para a pessoa que está sentada, a qualquer hora, pode-se saudar, dizendo: "E-Kujokô" ou "E-Kukalé" – "Que você não morra enquanto está sentado ou descansando". Quando se quer cumprimentar qualquer pessoa que está trabalhando, diz-se "E-Kuxé" – "Que você não morra enquanto está trabalhando". Já "E-Kuojá" é apenas para mulher que está vendendo no mercado e "E-Kutitá" para a que está vendendo em outro lugar e significa:

"Que você não morra enquanto está vendendo no mercado ou em outro lugar".

Existem ainda muitas outras formas de saudar, a maioria delas lembrando e afastando a morte. Essa cordialidade dos iorubás, que procuram sempre dizer a palavra exata para cada pessoa, faz de Lagos uma cidade amável.

No começo eu sentia sustos quando ia aos mercados e as crianças me rodeavam, gritando "oimbô". De fato "oimbô" é gente branca, embora não signifique obrigatoriamente gente esquisita, papão de meninos. No princípio eu corrigia a garotada dizendo-lhe que eu não era "oimbô", mas "agudá", que quer dizer "brasileiro". Agora gosto do nome e aceito-o com alegria. "Oimbô" é demonstração de afeto, saudação especial para a gente branca.

A nação de Keto

Antes de contar nossa viagem ao Reino de Keto, devo lembrar que a palavra "Keto" é nome respeitado na Bahia e também nome da maior importância para os antropólogos brasileiros.

Keto é nação africana que para nós se tornou terra fantástica, terra de santo de candomblé, terra de antepassados. É poesia de lenda e força de ritual no coração místico do povo.

"O candomblé do Engenho Velho" – diz Edison Carneiro em *Candomblés da Bahia* – "deu, de uma forma ou de outra, nascimento a todos os demais, e tendo sido o primeiro a funcionar regularmente na Bahia."

Foi fundado, segundo o mesmo autor, por três africanos da Costa, sendo Iya Nassô a principal.

Teriam eles vindo de Keto ou de Oió? Iya Nassô é título de grande destaque no Reino de Oió. Oió é a terra de Xangô, cidade da Nigéria, Keto fica do outro lado da fronteira, no mapa do Daomé. A divisão estabelecida por ingleses e franceses separou em países diferentes o agrupamento natural dos iorubás. Todavia, antes de aparecerem os brancos, heroicas migrações daquele povo foram criando cidades reais, que por sua vez expediam novas hordas quando ultrapassavam um certo limite de população.

Em *Contribution à l'histoire du Moyen-Dahomey*, Edouard Dunglas conta que o lendário rei Itcha-Ikapatcham, acompanhado por filhos, esposas, parentes e representantes de nove famílias reais oriundas de Ille Ifé, a cidade santa dos iorubás, dirigiu o êxodo que mais tarde veio a fundar o Reino de Keto.

Sucedeu-o seu filho Owe e, quando este morreu, segundo o costume iorubano, foi escolhido o novo rei entre os filhos das nove famílias reais que participavam da migração.

A escolha caiu em Adjodjé, filho de Admounlé e Odéré. Seu sucessor foi Idjá, filho da princesa Ofiran. Depois veio o rei Erankikan, filho de Adgbiyi e de Odejou.

Sempre por meio de eleição, quando morreu este rei, foi coroado rei Edé, o sétimo sucessor de Itcha-Ikapatcham. Pelas listas dos reis, pode-se imaginar as aventuras, avanços e recuos da migração.

As aventuras de rei Edé no caminho, antes de chegar no local escolhido por um caçador da sua gente, para erguer Keto, são anualmente relembradas.

Desde a fundação da cidade até hoje reinaram muitos soberanos cujos nomes, filiação e feitos são guardados oralmente por uma família que vai passando a crônica de pais a filhos. Quando o novo rei é coroado, a história deve ser repetida em público sem nenhum erro.

Ouvindo referências aos reis da sua linhagem, as famílias reais (hoje só cinco) ficam lisonjeadas.

O atual Alaketo – título do soberano da cidade – vive modestamente em uma ala reconstruída do palácio real devastado pelo rei do Daomé, Glélé.

Keto, a cidade dos panos vermelhos. Keto, a fortificada como os castelos medievais. Keto, a cidade orgulhosa dos nagôs, teve um começo romântico, um desenvolvimento de fartura e riqueza e terminou completamente arrasada depois de lutas heroicas. Só quando, por sua vez, Abomei, capital do Daomé, foi vencida pelos franceses, puderam os refugiados de Keto voltar para a terra natal e reconstruir a cidade.

A parte da história de Keto que interessa a nossa história está ligada ao capítulo do tráfico de escravos e indiretamente à figura de Francisco Félix de Souza, o Chachá I, comerciante rico, oriundo da Bahia, que açambarcou o comércio de escravos, naquela região, durante o reinado de Ghezo, pai de Glélé e o mais ilustre dos soberanos de Abomei.

Para encher os depósitos de cativos do Chachá, rei Ghezo guerreava o povo nagô. Eram os iorubás, disputados no mercado da Bahia e entre todos os cativos da África, os mais afamados, tinham larga tradição urbana, sabiam comerciar, tecer, trabalhar em metal. Possuíam inteligência para as línguas, excelente memória e boa índole. Em uma palavra: eram os negros mais civilizados e finos da Costa.

Por isso a vida torna-se difícil em Keto no tempo áureo do tráfico.

Os caminhos eram sempre perigosos, às vezes moças eram roubadas quando se banhavam nos córregos, e mesmo nos campos ao redor da cidade não havia segurança. Mas rei Ghezo não conseguiu vencer a cidade fortificada. Fez principalmente prisioneiros de guerra. Seu filho Glélé só conseguiu entrar em Keto auxiliado por astuciosas intrigas.

Para a Bahia foram embarcados muitos carregamentos de cativos de Keto, gente de sangue real, sacerdotes e guerreiros.

Conta Pierre Verger, no prefácio que escreveu para *Axé Opô Afonjá*, de Deoscóredes M. dos Santos, que numerosos sacerdotes de orixás foram assim levados daquela região para a Bahia, ainda no fim do tráfico dos escravos. Elementos de diversas nações iorubás e daomeanas vizinhos de Keto, representados em minoria na Bahia, juntaram-se aos recém-chegados, que tinham um conhecimento mais profundo do ritual de sua religião. É por isso que a palavra "Keto" ganhou na Bahia, entre os descendentes de africanos, o sentido de "reunião, acordo, grupo".

A destruição de Keto pelo rei Glélé foi completada em 17 de julho de 1886. A cidade de Oxóssi foi pilhada e incendiada.

Rei Glélé passeava satisfeito entre as ruínas, mas antes de retirar-se temeroso, foi de templo em templo. Um intérprete explicava aos orixás que não era contra eles, e sim por vingança às afrontas dos iorubás que o rei destruíra a cidade.

Somente algumas centenas de habitantes conseguiram fugir do cativeiro e refugiar-se em Oió, Ibadan e Lagos. No Palácio de Abomei foram sacrificados 23 chefes.

Ogá Alaró, um deles, conseguiu num esforço desesperado romper a corda que o amordaçava. Acreditando que as últimas palavras dos sacrificados se realizavam, para evitar maldições, amordaçavam as vítimas. Quando todos esperavam que Ogá Alaró fosse pedir clemência, o que não seria decerto recusado, pois tal recusa acarretava infelicidade pública, ele, como inspirado em transe divino, se pôs a maldizer Abomei e a profetizar desgraças:

— Se há um Deus no céu, ele nos vingará. Hoje Abomei triunfa, mas amanhã será vencida. Vejo o inimigo avançando, vejo o incêndio...

Os daomeanos tentaram em vão tapar a boca de Ogá Alaró.

Pouco depois morria Glélé. Seu filho Behanzin, escolhido pelos deuses para o suceder, não conseguiu realizar o funeral do pai.

Foi o último grande rei do Daomé. Morreu no exílio depois de uma resistência heroica. Agoliabo, escolhido para reinar pelos franceses, aceitou todas as condições impostas pelos vencedores.

Quando Behanzin fugiu do Abomei, os nagôs que viviam em cativeiro na cidade se reuniram. Sob a direção da rainha Ida, muitos fugiram para Keto e os refugiados aos poucos foram voltando, e a maldição de Ogá Alaró gerou uma fatalidade; a data que marcou o fim do poderio do Abomei assinalou o início da reconstrução de Keto.

A porta mágica de Keto

Fomos a Keto com Vivaldo Costa Lima quando este realizava no Daomé um trabalho cultural para o Brasil. Saímos de Porto Novo por uma estrada bem asfaltada.

— É a terra dos guardiões do caminho — disse-nos Vivaldo, e foi-nos mostrando pequenas construções cobertas de sapê onde moram os mensageiros do bem e do mal. Às vezes a casinha é do lado da porta da rua e o dono pode ficar descansado, não há feitiço, ladrão, olhado ou perfídia que entre por sua casa adentro. O aspecto físico da divindade varia desde o antropomorfo até os que são representados geneticamente ou se assemelham a um montinho de barro.

Paramos numa aldeia para visitar o templo de Xangô. Três velhas sentadas em esteira assistiam tranquilamente o dia passar. Eram gente antiga, de um tempo romântico que está desaparecendo. Ainda mostravam no rosto e nos seios belas tatuagens azuis. Ao redor dos olhos usavam tinta escura, essa faceirice dava certa vivacidade juvenil aos olhares cansados.

Uma delas nos informou que no dia seguinte seria realizada uma festa para o orixá do trovão. Naquela hora estava havendo obrigação para Egum. Indicou-nos o rumo. Era bonita, valia a pena irmos vê-la.

Atravessamos uma praça triangular e fina onde há o mercado mais adorável que se possa imaginar.

Mercadoras vestidas com suas roupas nacionais vendiam em tabuleiros redondos de vime, cestos ou bandejas. Tudo era muito limpo.

Havia os mais variados manjares, desde a grande lesma que os africanos comem frita, como fazem os franceses com o *escargot*, até os nossos conhecidos acarajés, acaçás e abarás. O vermelho dos tabuleiros de pimenta confundia-se com o encarnado dos ekodidés, as penas de rabo de papagaio. Ali, exibia-se um artesanato popular dos melhores panos, esculturas de madeira, cerâmica, balaios e muita coisa mais.

No fim de uma rua larga, depois dessa pracinha, três homens muito distintos nos receberam e levaram para a festa dos Eguns, ou espíritos dos antepassados.

Chegamos a uma outra praça enorme, toda gramada, onde se destacava um templo. O povo sentava-se debaixo de casuarinas, havia muitas crianças, moças e rapazes. A dança dos Eguns, infelizmente, terminara e eles já se tinham recolhido. Assistimos só ao final, a distribuição de obis para o povo.

Prosseguindo viagem, tivemos de abandonar a estrada real e pegar um desvio de terra batida. No tempo da chuva é intransitável, mas já há um projeto aprovado para a sua pavimentação. Keto fica entre campos de palmeiras, baobás e pés de iroco – a árvore sagrada. A cidade está se modernizando, o que nosso sentimentalismo lamenta porque significa substituição dos belíssimos tetos de sapê, cobrindo as casas até quase o chão, por telhados de zinco. Muitas casas novas estão sendo construídas. Escolas foram abertas. A juventude tem fome de saber. Mas ao lado dessa vida nova continua a tradicional, dando um caráter dos mais raros à cidade. O moderno e o antigo lá convivem sem grandes choques.

Passamos pela prefeitura para chamar o filho do Alaketo, que é funcionário, e com ele visitamos o palácio.

Em um pátio interno, numa ala reconstruída, o atual Alaketo, rei Adegbite, seus dezessete filhos, netos, esposas, parentes, existem felizes num reino sem pompa nem sobressaltos. É o que resta do imponente palácio arrasado por Glélé, rei do Abomei, antes da ocupação francesa.

A família real estava de sobreaviso. Alaketo havia entrado para mudar de roupa. Junto do trono ficou um jogo de ayo com a partida pela metade. Foram aparecendo meninos, moças, rapazes e a augusta princesa real sacerdotisa de Nanan Buruku.

Trajava uma túnica estampada com as palavras "eje ewe" e peixinhos dourados ao lado de búzios e riscos sobre fundo lilás. A cabeça raspada, sinal de alto nascimento, não estava coberta e na mão ela trazia o ibiri, um emblema que Nanan carrega sempre.

Alaketo surgiu de uma porta fechada por esteira. Vinha imponente no enorme abadá cor de vinho com bordados amarelos. Na cabeça, uma coroa de veludo, em forma de gorro cônico, cravejada de vidrilhos multicores e missangas de ouro. Na mão, o rabo de boi, símbolo do poder, nos pés, sapatos ocidentais de verniz preto.

Nossa conversa passava pela cabeça do filho, que a traduzia do francês para o iorubano. A língua falada em Keto se assemelha mais ao nagô que se fala na Bahia do que ao iorubá de Lagos.

Pedimos licença para tirar fotografia e a princesa real se enfeitou de colares e adornos. Colocou seus brajás, xabás, pulseiras de cobre, fios de búzios e contas de sementes negras. Alguns colares que passaram antes pela frente do pescoço foram amarrados no meio de cada braço. Assim paramentada, a princesa de Keto sentou-se com o filho ao colo. Era a própria Nanan carregando Oxumaré.

Terminada a sessão de fotografias, Alaketo pediu licença para mudar de roupa. Voltou depois vestindo panos leves, um estampado agradável alusivo à independência do Daomé. Levou-nos para visitar as ruínas do palácio. Admiramos uma escultura de bronze que parece assento de algum rei ou santo e que veio de Oió com os fundadores da cidade.

Vimos também o lugar onde era o templo de Oxóssi.

Despedimo-nos do rei e fomos conhecer o padre católico, reverendo Tomaz Molero, sua igreja é a única que vingou em Keto. Os protestantes tiveram de fechar a missão. Mas padre Molero é filho da terra. Seu pai foi babalaô, ou seja, adivinho, sacerdote de Ifá. Educou-se na religião tradicional e com o consentimento da família converteu-se ao catolicismo. Ao ordenar-se, pediu para ficar em Keto, onde conhece todo o mundo e sabe conduzir a paróquia sem ferir o sentimento da comunidade.

Fizemos com ele um passeio até a fronteira da Nigéria, seguindo a mesma trilha de rei Edé, o primeiro da cidade. Contou-nos várias histórias daquele rei lendário, mostrou-nos os lugares onde bebeu água, onde encontrou a feiticeira, onde dormiu. E por fim chegamos a um povoado fascinante de casas baixas, cobertas de sapê.

As ruas estreitas davam para becos sem saída ou praças finas onde secam o índigo. As bolotas são arrumadas sobre esteiras.

Em frente a uma das casas colocaram um banco para nos sentarmos. O bom padre que ali está construindo nova igreja convenceu os escultores a nos venderem máscaras gueledés. São peças excelentes.

Na volta, já em Keto, agradecemos ao padre Molero e fomos tomar refrigerantes numa venda. Três moças serviam nos balcões. Fizemos amizade e perguntamos qual era o orixá protetor da rua. Elas então nos convidaram para conhecer o templo. Seguimos por um beco, atrás da venda, cruzamos num terreiro para onde dão várias casas, entramos numa sala cheia de mulheres sentadas em esteiras. A mais bonita delas tirou de dentro de um saquinho de pano bordado um axê de Xangô e dançou saudando os nossos anjos da guarda. As outras cantavam e batiam palmas. Todas riam alegres, divertidas com a visita daqueles estrangeiros que conheciam a tradição dos orixás.

Passeamos depois pela cidade, vendo as ruas modernas e as antigas, comércio, a escola, a prefeitura. Fomos dar numa praça em forma de losângulo irregular, cujas casas são de altos tetos cônicos e varandas sustentadas por colunas grossas na base e afinadas em cima.

Era dia de feira e havia grande movimento de compra e venda. Os tabuleiros de verduras, pimentas, mantimentos, fazendas, objetos rituais se misturavam, dando encanto e colorido a toda parte.

No fundo da praça avistamos uma entrada misteriosa de corredor curvo. É a principal saída da cidade. Ali Keto começou a ser construída e ali foi sacrificado um corcunda.

A porta que dá para fora é enorme. Dizem ter sido montada por um gigante. Na parede há marcas imensas que afirmam ser de suas mãos. A entidade protetora mora no alto, na trave do teto.

Do lado de fora pode-se ver, ainda bem conservado, o fosso que defendia os muros. Deste lado a muralha está intacta. Keto era cidadela inexpugnável. Só foi vencida, como Troia, por astúcia.

O caminho que começa na porta é dividido ao meio por uma árvore. Conforme a lua, um pedaço de pau veda o lado direito ou o esquerdo. Existe uma família especialmente encarregada de tomar conta desse preceito estabelecido pela divindade que protege a porta.

Voltamos ao mercado refazendo o mesmo percurso e quando nos preparávamos para regressar a Porto Novo, um conhecido nosso contou-nos que, assim que saímos do corredor, a porta fechou sozinha. É sinal de coisa boa ou má. O babalaô ia consultar Ifá.

Muito preocupados, tratamos de sair logo da cidade antes da divindade da porta ser levada à rua em procissão. Mais tarde soubemos que a porta fechara anunciando chuva. Não fora por nossa causa.

Essa porta tem fundamento sério. Quando os soldados de rei Glélé destruíram a cidade, obrigaram os prisioneiros a carregar a porta para o palácio de Abomei. Lá ficou ela no átrio de rei Ghezo, exposta ao escárnio dos daomeanos. Pois bem, à noite, a porta voltou sozinha para Keto e encaixou-se, para não mais sair, nos seus batentes. Desde então não envelhece nem seus pregos enferrujam. É porta mágica.

A história de Uidá

A cidade de Uidá, ou Uoidah, como escrevem os franceses, foi um dos mais importantes mercados de escravos para o tráfico negreiro. Por sua causa, toda costa que vai do delta do Níger até a antiga Costa do Ouro foi chamada Costa dos Escravos.

Estivemos visitando suas ruas de casas antigas, com paredes muito largas, seus mercados, suas praças, "Le Quartier Brézil" e outros bairros fundados por Dom Francisco Félix de Souza, o famoso Chachá I.

Antes de contar a história desse baiano, que tanto influiu na história do Daomé, vejamos a terra e a gente de Uidá.

Hoje a cidade está cheia de escolas e sua Casa da Cultura promove conferências, teatros e festas. Para a tristeza dos antropólogos, a civilização vai modificando os costumes. Os deuses africanos ganham dimensão universal, ultrapassando a fronteira da tribo e inspirando artes e letras. Mas fica como patrimônio do povo o gosto pelas festas, pelas danças, pelos cantos.

Encontramos na excelente estrada que liga Uidá a Contonou várias procissões, em geral de mulheres tocando agogôs e tambores e carregando esculturas rituais. Na verdade, o Daomé é um país muito alegre.

Vi montes de dendê, esperando transporte; vi mercadoras vendendo caju e sapoti; vi a praia de Uidá e sua estrada muitas vezes centenária, de onde embarcaram para o Brasil tantos africanos. Foi nessa praia que apareceram os primeiros brancos.

Conta Casimir Agbo, dit Alidji, em sua *Histoire de Ouidah*, que em 1580, quando Kpaté e Zimgbô pescavam caranguejos, viram passar tranquilamente no oceano um grande veleiro. Kpaté, audacioso, amarrou um pano numa vara e fez sinal. Os navegantes, percebendo que a costa era habitada, enviaram homens à terra num barco.

Kpaté – que já sabia da existência da gente branca – conversou com eles por gestos e levou-os até a aldeia, onde foram apresentados ao rei Kpassé. Eram portugueses e receberam daquele rei um terreno. O outro pescador fugira apavorado, gritando que tinham saído do mar entes luminosos, vivos e brilhantes como o fogo. Foi esse o começo da história do forte de São João Batista de Ajuda.

Mais tarde vieram os franceses, que construíram o Fort Saint-Louis-de-Grégoy, depois os ingleses e os alemães. O forte português recebeu no idioma de Uidá o nome de Agoudá Sin-Gbó. A segunda palavra significa casa-forte. A primeira é corruptela de "ajuda". Assim, alguns pesquisadores não concordam com a versão nigeriana de que o cognome "agudá", dado aos brasileiros nestas costas, venha de algodão. Preferem situar a origem da palavra num tempo anterior às relações do Brasil com a África. De qualquer maneira, esse forte, construído em 1680, está mais ligado à Bahia do que a Portugal, tendo sido mantido e sustentado por ouro e gente do Brasil, fato que os estudiosos do assunto provam por farta documentação.

Há outra versão para a palavra "agudá" que, segundo Norberto Francisco de Souza, significa indolente, vaidoso — defeitos que a gente de vida encontrava nos primeiros navegantes portugueses. Mas talvez essa explicação se deva à rivalidade entre colonizadores.

No delicioso livro de Casimir Agbo, dit Alidji, há um estudo sobre a vida dos escravos que vale a pena ser traduzido. O trecho seguinte documenta a opinião dos africanos sobre o assunto – os antigos escravos contavam que haviam sido bem tratados por seus patrões nas colônias americanas, onde eram empregados nas lavouras, que enriqueceram o continente. Foram quase todos libertados depois de trinta anos de serviço. Puderam desse modo tomar o gosto pela civilização, mudar de costumes e criar ambientes muito interessantes para si e seus descendentes, batizados e instruídos. A maior parte regressou à terra de origem: Uidá, Agoué, Porto Novo etc. Eles se diziam "creoulos" e eram reconhecidos por suas roupas europeias. Usavam os nomes dos seus antigos senhores, ou dos senhores de seus pais. Formaram grupos aristocráticos e contribuíram enormemente para a civilização do país pelos hábitos modernos que transmitiram a seus descendentes e amigos. Alguns foram mesmo apresentados ao rei do Daomé, que não hesitou em conceder-lhes vastas terras e títulos de dignidade mediante pagamento de tributos.

Nos séculos XVIII e XIX, tais personagens construíram em Uidá belos sobrados – de dois ou mais andares, sendo o térreo também elevado. Dessas construções tropicais, que tinham a vantagem de ser constantemente frescas, algumas não existem mais porque na época, com falta de material resistente, tiveram de ser feitas de barro e cobertas de palha.

Quando o governador francês recebeu o comando do Daomé, não tardou a se interessar pelos descendentes dos antigos escravos. Em 15 de setembro de 1895, autorizou a fundação de uma sociedade tendo por objetivo encorajar o regresso à Costa dos Escravos dos daomeanos e seus descendentes que se encontravam no Brasil e de lhes assegurar proteção quando chegassem à colônia.

No livro citado há uma relação das famílias importantes de Uidá que conservam estrutura de clã, com seus costumes peculiares e seus chefes. Dessas famílias, muitas possuem nomes portugueses. Por exemplo: os Souza, descendentes do Chachá, os Cotia, os Sant-Anna, os Gomes, os Vieira, os Da Costa, os Lima, os Damatta, os Diogo, os Silveira, os Tobias, Rodrigues, Moreira, Nevis, Chagas, Santos-Lafayette, Do Rego, Bode, Joaquim, Villaça, Oliveira, Almeida, Nobre etc. Mesmo as famílias de sobrenome africano em grande parte originam-se de repatriados do Brasil.

Conta o administrador Gavoy, em *Études Dahoméennes*, que, tendo um navio de repatriados do Brasil dado à costa de Uidá para se reabastecer de águas e provisões, o Chachá I convenceu todos os viajantes a ficarem em Uidá em vez de seguirem até Lagos. Essa foi a origem do "Quartier Maro".

A história de Uidá está ligada ao Brasil também por outro laço e este de origem vegetal. O nosso caju, levado do Brasil para a região, ali se tornou muito popular. No tempo de rei Ghezo, ou seja, no tempo do Chachá I, houve em Uidá um pavoroso incêndio que ficou sendo relembrado como o incêndio Goudamiro. Vários escravos nagôs, pertencentes ao Chachá, viviam em Uidá, no bairro de Zomayi, numa vasta casa ou tatá. No tempo da maior seca, na época das frutas, um nagô chamado Goudamiro assava sementes de caju em cima de brasas para tirar as castanhas. Com o leque soprava as brasas. Uma das sementes pulou alto e caiu em chamas em cima do telhado de palha de uma casa. O incêndio propagou-se rapidamente, atingindo outros bairros e por fim toda a cidade. Uidá, centro comercial, principal porto de mar e segunda capital do país, foi completamente destruída. Incalculáveis foram os prejuízos, inúmeras pessoas e animais morreram queimados. Depois do incêndio mais de mil escravos do Tata culpado foram vendidos para colônias da América.

As autoridades locais proibiram terminantemente que se assasse castanha-de-caju dentro da cidade.

O nosso caju deu origem a um ditado que se usa como advertência às ameaças de calamidades públicas: "Vão assar caju noutro lugar".

Romana da Conceição vai ao Brasil

O "Brazilian Quarter" de Lagos está agitado. Quando nosso carro passa pela Bamboxê Street, a Campos Square ou a Tokumuh, rostos risonhos nos cumprimentam, mãos nos acenam. Se descemos, ajunta gente querendo saber quando é que Romana vai para o Brasil. Chovem perguntas. Depois de cada resposta há longos comentários em iorubá, interjeições de espanto, gargalhadas. – Ela volta? – Não vai ficar por lá, não? – Foi o dono da firma brasileira de gás que a convidou?

Explicamos que o industrial Peri Igel ofereceu passagem para Romana ir ao Brasil, mas que ao mesmo tempo ela recebera um convite oficial do nosso governo.

Todos arregalam os olhos e pedem detalhes. Explicamos novamente que o convite oficial foi feito pelo ministro do Exterior e para melhor compreensão dizemos que é o ministério correspondente ao Foreign Affairs local. Então o povo curioso do Bairro Brasileiro indaga o nome do ministro, sua idade, seus títulos. O ministro Hermes Lima está muito conhecido dos descendentes dos brasileiros de Lagos. Outro grupo de perguntas é sobre os lugares e as pessoas que Romana vai visitar. Naturalmente a Bahia é conhecida de nome por todos eles. Agora começam também a se interessar pelo Rio e por Brasília.

— Ela vai ver o presidente do Brasil?

Tem havido discussões calorosas sobre o presente que Romana levará para o presidente do Brasil, com seu bom senso Romana diz que levará um presente de acordo com suas posses. Levará um *filá* nigeriano para o presidente usar na cabeça.

— Então tem de ser de veludo — diz o povo —, de veludo e bordado.

Aí o assunto passa para as cores do *filá*.

— Verde e amarelo, as cores do Brasil — sugere Romana.

— Não, branco e verde, as cores da Nigéria — diz o povo.

Sobre esse ponto ninguém chega a um acordo. Talvez Romana leve um *filá* vermelho e branco, as cores nobres para os homens, a fim de não descontentar ninguém.

E no meio da alegria de mais de quinhentos descendentes de brasileiros, um coração está muito triste e amarrotado. Tia Maria chorou lágrimas grandes, redondas, que caíram pelo seu rosto enrugado. Ela veio mocinha do Brasil, junto com Romana, no mesmo barco a vela. Romana vai rever o Brasil e Maria não vai.

— Não tenho coração para ir na sua casa, Romana. Não tenho coração para ir me despedir de você. Nunca imaginei que uma de nós pudesse ir viajar sem a outra.

Maria Ojelabi é natural de Nazaré das Farinhas, na Bahia. Ainda tem alguns parentes lá, com os quais já se correspondeu por intermédio do antropólogo francês Pierre Verger. Ela cria o Migüé, menino de nove anos que vive com ela desde renascido. Agora outra criança foi enjeitada em sua porta.

— Não deram nem banho na pobrezinha, Yayá. Puseram a bichinha sem um pano se esgoelando. Então eu havia de deixar que ela morresse? Sou a madrinha desta menina que se chama Elza Maria Ojelabi em homenagem à mãe adotiva e à embaixatriz Elza de Souza Bandeira.

Tia Maria trabalha o dia inteiro nos serviços de casa ou na rua, vendendo galinha, ovos e anáguas que ela mesma costura na sua máquina de mão. Mora num quarto, sem luz elétrica, que ela dividiu ao meio para fazer sala e dormitório. Mas só vendo como tudo é asseado, como ela gosta de casa enfeitada, como fica feliz com roupa nova. Os meninos andam muito bem arranjadinhos e a maioria das roupas é feita mesmo por ela. Tia Maria só veste roupas nigerianas. Raramente se vê sua cabeça toda branquinha – que ela faceira esconde em lindos turbantes. Tia Maria é cheirosa, lava-se com sabão da costa, perfuma-se com raízes. Oitenta anos e carrega Elza Maria nas costas para onde vai. Oitenta anos e não se conforma de não ir ao Brasil.

— A senhora não pode ir agora por causa dos meninos, minha tia. Depois a senhora vai.

— Os meninos tem gente para olhar enquanto eu vou. Vou ficar só uns dois meses, não faz mal. Quero ir com vosmecê quando vosmecê for. Vosmecê é minha comadre. Já somos parentes...

Tia Maria cozinhou muito jantar de cerimônia para o governo nigeriano. Quando havia um jantar brasileiro, ela e outra tia já falecida eram chamadas. No dia do batizado, em uma mesa grande que fica perto da porta da catedral católica, vi um enorme tabuleiro coberto de panos rendados engomados. Quando acabou a cerimônia, tia Maria me comunicou que fizera o "comê" para nós. O tabuleiro foi levado já para casa e todos os presentes convidados. Ela fez uma galinha com batatas. Maravilhosa: moqueca de peixe, pirão, acarás, caruru de quiabo, mãe-mãe e feijão.

Tia Romana pretende visitar Aparecida para ver a santa da qual é devota. Senhora Aparecida não era conhecida na Nigéria. A imagem que eu trouxe tem feito o maior sucesso. Vem gente aqui em casa ver a Nossa Senhora Preta.

Os católicos de Lagos são devotos de Nossa Senhora dos Prazeres. Fui convidada para entrar na sociedade e a juíza deste ano veio me comunicar que a missa se realiza no dia 5 de maio... Depois da missa haverá piquenique e nós todas iremos vestidas com a mesma roupa. A própria juíza me arranjou uma costureira e comprou o meu lenço de cabeça igual ao das outras.

Quem fazia a feijoada nos outros anos era Romana, mas agora ela avisou que não conte com ela. O tempo é curto para as despedidas. Temos acompanhado Romana em muitas visitas. O parente dela, o bispo católico nigeriano John K. Aggey, mostrou-se muito satisfeito com a viagem.

— Quando eu acordo de noite, parece que é mentira — diz Romana —, parece que estou sonhando. Minha viagem é milagre de Nossa Senhora.

E, para cúmulo da felicidade, Romana irá via Roma, em companhia de Dona Senhorinha de Souza Tavares, e talvez até veja o papa.

O primeiro Chachá de Souza

Dom Francisco Félix de Souza, o Chachá I, era, segundo alguns autores, originário da Bahia, segundo outros, do Rio. Em *Études Dahoméennes* informa Norberto Francisco de Souza que o Chachá chegou a Uidá em 1788, como comandante do forte português (outros afirmam ter sido apenas escriturário). Teria se demitido alguns anos mais tarde e passado o comando para seu irmão Ignácio que viera do Brasil para este fim. Fora então para Badagre, onde construíra uma feitoria, a qual chamara de "Ajuda" – talvez por causa do Forte São João Batista de Ajuda, que acabara de deixar.

Durante três anos teria feito o tráfico de escravos, voltando para o Brasil, via Lagos.

Regressando à Costa dos Escravos teria desembarcado desta vez em Anecho, onde o rei lhe concedeu terras.

Derrubando mata virgem, construiu outra feitoria também denominada Ajuda. Fundou assim a cidade hoje chamada Adjido.

Desposou ali uma princesa filha de Comalangan, da qual teve Isidoro Francisco Félix de Souza – que foi o primeiro estudante do Daomé enviado ao Brasil (em 2 de janeiro de 1802).

Francisco teve além desta muitas outras esposas.

Ora, aconteceu que os servos de Comalangan fizeram propostas indecorosas às suas mulheres. Francisco, indignado, enviou ao amo seu bastão como era uso quando se queria dar parte. Comalangan quebrou o bastão, dizendo: "Acho Francisco tão aborrecido como todos os filhos de brancos".

Francisco recorreu a um amigo, ao qual deu armas e dinheiro para que organizasse uma tropa e punisse a insolência do sogro.

Comalangan teve de fugir, estabelecendo-se num lugar que chamou de Agué-Agué e que veio com o tempo a se transformar na atual cidade de Agué.

Um dos principais clientes de Francisco era o rei Adanzan de Abomei, soberano que passou à história como extravagante e de mau caráter. Não gostava de pagar contas e, quando a sua dívida chegou a uma quantia exorbitante, Francisco viu-se obrigado a cobrar.

O rei muito se admirou daquela ousadia e depois de calorosa discussão ameaçou de morte o comerciante.

Francisco se escudava na sua pele clara de descendente de portugueses, porque no Daomé era tabu derramar sangue de branco.

O rei impacientou-se com a argumentação e mandou colocá-lo, durante metade de um dia, numa cuba de índigo. Depois, às gargalhadas, exibiu-o assim pintado, completamente azul-marinho.

Essa história foi contada por Edouard Dunglas em *Contribution à l'histoire du Moyen-Dahomey*.

O prudente negociante, depois daquele tratamento, diminuiu a dívida e prometeu fornecer fiado todas as mercadorias que lhe foram encomendadas. Pôde então gozar de relativa liberdade que aproveitou para fugir, ajudado por inimigos secretos de Adanzan, inclusive o príncipe Ghezo, irmão do rei, por parte do pai.

Tudo correu bem, restando ao fugitivo um último obstáculo; a travessia do rio Mono, severamente guardado por fiscais da alfândega do Daomé.

Aceitando conselho dos seus remadores, ele se deixou enrolar numa esteira de junco de fabricação local que se chamava Chachá.

No momento decisivo, quando a piroga atingia o local perigoso, os guardas mandaram que os remadores parassem.

— O que é isto, neste embrulho grande? — perguntaram.

— Não estão vendo que é um Chachá? — responderam os da piroga.

A embarcação foi liberada. Relembrando esse episódio, o sobrenome de Chachá foi dado a Francisco.

Mais tarde, quando o príncipe Ghezo subiu ao trono – ajudado pelo traficante –, o nome tornou-se título hereditário que até hoje é usado por seus descendentes. Edouard Dunglas dá, portanto, uma versão sobre a origem do título bem razoável. Parece-me mais justa do que atribuir à palavra origem onomatopaica para qualificar pessoas que andam aos passinhos, arrastando os pés e fazendo portanto chá-chá-chá. Ora argumenta Dunglas – esse não era evidentemente o caso de Francisco de Souza, homem alto de tal maneira que foi cognominado Adjinakou, o elefante.

Rei Ghezo convidou pois o Chachá para se instalar em Uidá. Este aceitou, desposou novas mulheres que lhe deram muitos filhos.

Pierre Verger indaga se teria sido a mãe de rei Ghezo, vendida como escrava ao Maranhão, a iniciadora do culto dos vodu, do Abomei, em São Luís.

Quando rei Ghezo subiu ao trono, pediu ao Chachá, com o qual fizera um pacto de sangue, para procurar a mãe vendida, com outros membros da sua família pelo seu meio-irmão, o deposto rei Adanzan. Depois de várias aventuras, conseguem os emissários do rei do Chachá encontrar a rainha mãe e trazê-la de volta para o Daomé.

A origem do cognome "Adjinakou", o elefante, data dessa época, explica Gavoy. Assim que conquistou o poder, rei Ghezo mandou chamar o Chachá a Abomei. O traficante atendeu com presteza e foi encontrar o rei nos aposentos de Adanzan.

O rei deposto não se dignou a responder à saudação de Francisco, que, se voltando para Ghezo, disse-lhe: "Se eu te dou de beber, ele bebe; se eu te dou de comer, ele come; se eu venho te ver, ele me olha e não me fala – será por isto que tu me mandaste chamar?" Ghezo respondeu: "O elefante passa e a hiena uiva".

Dunglas transcreve, no trabalho já citado, um relato do capitão negreiro Teodore Canot, que, visitando Uidá em 1836, elogia as maneiras do Chachá, seu gênio para o tráfico e a posição que ocupa como vice-rei de Uidá.

Espanta-se de ter conseguido Francisco ser considerado como um africano pelos africanos. E relata:

— Ele construiu uma vasta e cômoda casa, num lugar pitoresco, perto do antigo forte português. Goza de todos os confortos da vida, tudo quanto o luxo pode imaginar para agrado dos sentidos. Os vinhos e as comidas mais delicadas cobrem sua mesa. Seu guarda-roupa honraria um príncipe. As mais belas mulheres da Costa não resistem ao apelo do seu ouro. Existem em sua casa muitos bilhares, e mesas de jogo estão sempre abertas para os navegantes retidos na Costa que precisam de distração. Em suma, o traficante mulato vive como um sibarita, como um Sardanapalo, no meio das pompas de Satnn, muito bem representado pelo rei do Daomé. Quando ele sai de casa, é sempre em grande cerimonial, um corpo de guardas o precede para desembaraçar o caminho. O bobo da corte a seu lado. Músicos tocam e um coro louva o rico mulato.

Também Gavoy, referindo-se às pompas do Chachá, conta que guardava em vários tonéis barras de ouro e prata. Sua fortuna devia ser colossal.

Chachá limpou Uidá, mandou fazer ruas e, sob o impulso de sua atividade e do seu comércio, foram surgindo novos bairros na cidade.

Fez dragar a laguna de Toho a fim de permitir as pirogas de irem até Cotonou. Começou a plantar a palmeira do dendê e os coqueiros da Bahia. Sua morte não permitiu que levasse avante os planos que traçara para desenvolver o Daomé e dar-lhe renda capaz de substituir o comércio de escravos, que havia já sido abolido nas colônias francesas e inglesas. Afirma Norberto Francisco de Souza que o Chachá morreu em Uidá, em 8 de maio de 1849. O funeral foi seguido de sacrifícios humanos como para os grandes chefes daomeanos. Segundo Forbes, um jovem e uma mocinha foram decapitados e enterrados com ele e três homens sacrificados sobre o rio. Seu filho Isodoro foi nomeado Chachá II. Francisco foi o III, Julien o IV, Lion o V, Norberto o VI e Jeronimo, residente hoje em Aladá, é o VII.

Estivemos em Uidá, velha casa do Chachá I, ainda perfeita e que abriga seus descendentes. Numa das dependências, dentro da casa, como é hábito no Daomé para as pessoas importantes, vimos o seu túmulo, com velas, coroas e a imagem de São Francisco, ao lado da cama onde dormia. Seus descendentes velam esse quarto sagrado. A velha Laurinha é guardiã do túmulo, dirigida por Vicenza de Souza, a mais idosa da descendência direta. Na sala ao lado existem os túmulos de alguns dos Chachás. Outros filhos estão enterrados num imenso quarto, noutra ala. A janela, ao lado do túmulo do Chachá, dá para um cemitério ao ar livre, onde os nomes de vários Souzas aparecem gravados em cruzes e medalhões.

Na primeira sala, em cima da porta que dá para o quarto do Chachá, existe um retrato grande dele, outro do rei Ghezo e mais os de Antonio, Jeronimo e Felicio.

Os africanos contam litanias de famílias para os espíritos dos antepassados diante dos túmulos ou dos "assentos". A de Francisco Félix de Souza, o Chachá Adjinakou, natural da Bahia, foi colhida diretamente por Casimir Agbo, dit Alidji, e está publicada em sua *Histoire de Ouidah*.

Primeira exposição de artistas brasileiros na África

Antes de embarcar para a África, reuni uma coleção de trabalhos de artistas plásticos contando os nomes mais representativos do Brasil. Tencionava inaugurar logo a exposição em Lagos, assim que chegasse. Mas nem sempre as coisas dependem da nossa vontade.

Dificuldades de instalação, a falta de verba, saúde abalada e sobretudo a consciência da necessidade de uma propaganda para o êxito do empreendimento foram retardando tudo. Finalmente, no começo deste ano, achamos que poderíamos fazer a exposição.

Iniciamos contatos com artistas plásticos, visitamos possíveis locais, agitamos o assunto na imprensa. A exposição seria inaugurada pelo primeiro embaixador do Brasil em Lagos.

Sua Excelência, o embaixador Luís de Sousa Bandeira, chegou em princípios de fevereiro e ficou satisfeito com a ideia. Começaria o seu trabalho na Nigéria apresentando uma coleção que orgulha o Brasil.

Duas semanas depois, de repente, morria o embaixador. Perdemos bruscamente o incentivo dinâmico que estava dando ao nosso trabalho, o seu apoio inteligente e fraterno, o seu amor pelas artes e letras, sua bondade e simpatia.

O choque dessa morte absurda foi tão grande que nos deixou a todos no maior abatimento.

A exposição teve de ser adiada e, para que não ficasse em ponto morto, Antonio Olinto começou a fazer o que ele chamou de "conferências-com-os-quadros" em escolas e universidades. O interesse dos alunos pelos nossos artistas é enorme e a propósito dos trabalhos formulavam curiosas perguntas sobre o Brasil, abrangendo aspectos econômicos, geográficos, históricos, além dos propriamente artísticos. Provou-se, pois, que a arte pode ser centro de interesse para uma divulgação de conhecimentos do Brasil.

Agora, graças a Deus, a nossa exposição está sendo montada e será a primeira exposição na África de artistas contemporâneos do Brasil. Vai ser apresentada no Museu da Nigéria.

Fizemos um cartaz que ficou muito bonito com um Exu de Mario Cravo abrindo caminho. O catálogo é ilustrado com um Xangô mais Oxum, de Carybé. Promovemos um concurso com oito prêmios em dinheiro, lançado pela imprensa e no próprio programa. Qualquer pessoa pode escrever sobre a exposição e enviar os trabalhos para a Embaixada do Brasil. Uma comissão de artistas e escritores da Nigéria integrada pelo adido cultural e pelo encarregado de negócios do Brasil julgará as críticas. Serão publicados os vencedores e, quanto aos outros, ficarão fazendo parte do dossiê da exposição e serão um dia lidos pelos expositores.

Fazendo agora a revisão do catálogo (como tivemos de modificar os títulos em inglês), estou mesmo muito orgulhosa. A exposição é um estouro! Uma beleza!

Deixemos para falar depois nos artistas consagrados, sobre Di Cavalcanti, Sylvia, Frank Schaeffer, Poty, Graciano, Campofiorito e tantos outros. Não falemos hoje dos baianos. Quero neste entusiasmo pela exposição quase inaugurada falar primeiro de artistas mineiros, os artistas vitalizados pelo esplendor de Guignard.

Ouro Preto visita a África, Ouro Preto de M. C. Bitencourt, Ouro Preto de Ilmar Rios, de Jefferson Lodi. Janelas de Maristela, igreja de Terezinha Veloso, quintal e sobrados de Ieda Pimentel, Ouro Preto se derrama no mapa, um instante da arquitetura colonial se desdobra no tempo.

É como se eu estivesse trazendo para a África minha infância em Ouro Preto. E se parecem os sobradões de Antonio Dias com os do Brazilian Quarter. O nigeriano olha Ouro Preto, sorri e se lembra da Bangbose Street ou da Water House. Pena não ter a Casa de Chico Rei, a Igreja de Santa Efigênia ou do Rosário. Guignard plantou em Belo Horizonte. Sente-se em geral a segurança do traço do mestre, mas não se procure neles cópia servil. O que espanta no grupo mineiro é a personalidade de cada um. Tenho comigo paisagens, terra, casas, figuras e abstrações.

Dois rostos impressionam a todos que os descobrem espantados, são duas caras fortes no vigoroso desenho de Haroldo Mattos. Seu nome, não é preciso que eu o repita, ouso profetizar e sem receio, que daqui a pouco não haverá brasileiro interessado em arte que o desconheça.

Yara Tupynambá é outro talento que já conquistou o futuro. E que dizer do peixe adorável de Lauret? Diferentes em motivos e técnicos são os trabalhos de Marco Antonio, Arlinda Corrêa Lima, Álvaro Apocalypse, Anamelia, Saravila, Maria Helena Nunes e Nelo Nunes Rangel.

O grupo fez uma exposição em Belo Horizonte, apresentando os mesmos trabalhos que agora estão sendo vistos pelos nigerianos. O magnífico reitor da Universidade de Minas, professor Orlando de Carvalho, entregou-me a coleção em solenidade pública.

Quis na ocasião dizer aos expositores que a tradição colonial havia ressurgido e que a arte contemporânea em Minas caminhava para se equiparar à importância da barroca.

Quis dizer aos paisagistas que eles haviam transformado em arte o sentimento de orgulho pelas pompas coloniais que hoje é comum a todo brasileiro. Que eles haviam acertado, exprimindo, na forma moderna e especial de cada sensibilidade, um tema universal, um relâmpago eterno de beleza. E também que os artistas mineiros, além de arte, estão fazendo um trabalho patriótico – estão divulgando Ouro Preto, Diamantina e Sabará, estão criando vida sobre pedras mortas, estão ressuscitando heróis e lendas.

Quis dizer isso e muitas coisas sentidas no coração. Mas foi impossível, estava comovida demais.

Agora em Lagos, revendo o catálogo da exposição, penso naquela tarde em Belo Horizonte e estou feliz porque vou apresentar Ouro Preto aos africanos.

Nossa Senhora dos Prazeres

Entramos numa dessas adoráveis residências nigerianas. Atravessamos o largo portão da rua. Chegamos num pátio para onde dão, como se fossem casas de vila, vários quartos. Todos cozinham e vivem do lado de fora. O quarto é só para abrigar da chuva e da noite.

Sempre dançando, fomos entrando. Três moças bonitas, vestidas da mesma fazenda, outra que não é da nossa sociedade, vieram nos saudar, dançando, e estenderam um pano da costa no chão. A juíza então desamarrou seu lenço, jogou o dinheiro para as moças – que juíza tem que gastar, ser farta – uai! Eu não fiquei atrás e lá se foram meus ganhos na dança.

A juíza me apresentou rua abaixo e rua acima, eu dançando já perdi a vergonha. Cantamos "Nossa Senhora Mimó... Dá viva fun Nossa Senhora Viva Viva titi Lalai".

A juíza me trouxe de volta para a casa da festa e prosseguiu com suas companheiras a alegre procissão em homenagem a Nossa Senhora dos Prazeres. Tambores e clarins, sempre tocando, todos dançando. O povo sorria vendo tanta moça bonita, tanta dança bem dançada.

Essa festa foi iniciada por repatriados vindos da Bahia e seus filhos nascidos no Brasil. É festa de brasileiro. Aqui chegando, os que vieram da Bahia acharam a cidade triste. Estavam acostumados com festa de igreja toda semana. Então fundaram a sociedade de Nossa Senhora dos Prazeres e levaram o ano inteiro se preparando para uma comemoração de três dias.

— Ah, iaiá, não vou mais na festa dos Prazeres, não — diz Maria Ojelabi, a baiana de oitenta anos, que foi passageira do patacho *Aliança* em 1889. — Minhas companheiras morreram. Só tem gente moderna. As maiores foram para debaixo da terra.

Por sua vez, Luzia, filha de Romana da Conceição, acha que a Sociedade dos Prazeres é quase só de velha, entre quarenta e sessenta anos.

— Antigamente é que era bom — continua Maria Ojelabi. — Matavam um boi em Ikoyi (antes de Ikoyi virar o bairro aristocrático dos ingleses), punham um laço de fita no pescoço do boi, uma vela na cabeça. Era carneiro, cabra, galinha... tanto bicho. Hoje não tem mais graça, iaiá!

O dia estava bonito, o céu azul. Nossa Senhora dos Prazeres sorria no seu estandarte enfeitado de flores.

Vestida de branco, manto azul forrado de vermelho, enrolado com graciosa faixa, abaixo do peito, o menino ao colo, de pé, no seu trono povoado de anjinhos, o braço esquerdo aberto, como se estivesse fazendo um gesto de alegria, o direito carregando o menino, véu e coroa na cabeça, olhos brilhantes e sorriso, lá está, no seu estandarte enfeitado de flores, Nossa Senhora dos Prazeres.

Acabou a missa. Todas as senhoras e moças da Sociedade dos Prazeres vieram de vestido branco e lenço azul. Também estou de branco e azul. Há uns quinze dias a juíza, nome herdado do Brasil, veio me convidar. Sou membro da Sociedade, carrego uma vela para a imagem da santa, no seu altar lateral, e canto, com as companheiras, versos em iorubá, estribilhos em português.

Nossa Senhora dos Prazeres, tão bonitinha, quase preta, Nossa Senhora sorridente, saiu para a rua no seu estandarte. A jovem que o carrega tem a graça das porta-estandartes das escolas de samba e dança abrindo o cortejo. Nós vamos atrás, dançando na procissão de Nossa Senhora dos Prazeres. Tambores e clarineta nos acompanham. Todas de branco com lenços azuis.

Em casa de dona Sofia Borges da Silva vamos tomar café com leite e comer pão com manteiga, que muitas das donas e das senhoritas comungaram e ainda estão em jejum.

Terminada a mesa dos convidados é a das sócias. E quando todo mundo acaba de comer, dentro de casa se dança e se canta. As donas e as senhoritas vão dançando, dançando até o oratório onde está a milagrosa imagem de Nossa Senhora dos Prazeres. Também eu danço para ela, Nossa Senhora fica contente. Manda prazeres e manda alegrias.

Depois foi o piquenique. Numa volta de rua, em frente à lagoa, junto de uma praia cheia de canoas de pescadores, fica a casa dos Martins. Ao lado moram muitos descendentes brasileiros.

Mudamos de roupa, mas conservamos as cores. O mesmo pano estampado é usado por nós todas. Algumas fizeram vestidos, outras fizeram blusas nigerianas, ou bubás. Os lapás ou panos da saia são de veludo estampado azul e o guelé ou pano de turbante é de florões em branco e azul. Meu vestido ficou bem-feito. Um retalho do pano deu para enfeitar o chapéu.

Chegamos e todos se reuniram cantando. O tambor tocou. Entramos na casa, sentamos na sala de visitas. Cantoneiras com bibelôs, mesas de cobre, enormes bandejas, poltronas e pufes. Retratos antigos; avó nascida na Bahia, avô do Rio de Janeiro.

Veio feijão, carne mãe-mãe, acarajé, bolo, comemos, bebemos e todos gritaram: Viva brasileiro!

A juíza apareceu então para me buscar. Grande honra. De braço dado com a juíza, o tambor na nossa frente, fomos andando pela rua. Parava gente e punha dinheiro em nossas testas. Dançávamos agradecendo.

Sobre a autora

Zora Seljan nasceu em Ouro Preto, Minas Gerais, em 7 de dezembro de 1918. Escreveu peças de teatro, romance, contos, crônicas, ensaios e também atuou como crítica teatral dos jornais O Globo e O Dia e da revista Diretrizes. Foi a primeira jornalista sul-americana a visitar os países da Cortina de Ferro (Rússia e outros países da antiga União Soviética). Nos anos 1960, residiu na Nigéria, onde foi professora de Literatura Brasileira e Portuguesa da Universidade de Lagos. Para transmitir seu conhecimento sobre a cultura africana, publicou diversos livros, dentre os quais se destacam peças teatrais como Três mulheres de Xangô (1958) e ensaios como No Brasil ainda tem gente da minha cor? (1978). Faleceu no Rio de Janeiro, em 26 de abril de 2006.

Leia também, de Zora Seljan

Neste livro, Zora Seljan reúne importantes lendas que colorem a mística existente em torno da Rainha das Águas.
Gestadas na África, tais histórias acerca de Iemanjá encontraram terreno fértil em solo brasileiro, ganhando novos contornos ao aportarem no outro lado do Atlântico. *Iemanjá e suas lendas* oferece os resultados das transformações ocorridas na recepção desse importante legado da cultura africana. Histórias que encantam e que também ampliam nossa consciência sobre a formação de nossas identidades.